DE *Tao* VAN

RELATIES

RAY GRIGG

DE *Tao*
VAN
RELATIES

Uitgeverij BZZTôH
's-Gravenhage 1999

Veel van de hier voorkomende afbeeldingen zijn afkomstig uit *The Mustard Seed Garden Manual of Painting* die in 1956 uit het Chinees vertaald en in New York is uitgegeven door Mai-mai Sze, Bollingen Series, Princeton University Press. Deze afbeeldingen, die oorspronkelijk op houtsneden werden afgedrukt, zijn in de zeventiende eeuw vervaardigd door de drie broers Wang Kei, Wang Shih en Wang Nieh.

Oorspronkelijke titel: The Tao Of Relationships
Copyright © 1988 by Humanics Limited
Atlanta, Georgia, U.S.A.
Copyright © Nederlandse vertaling 1999, Uitgeverij BZZTôH bv,
's-Gravenhage
Vertaling: Mark Benninga
Ontwerp omslag: Julie Bergen
Foto omslag: Fotostock
Zetwerk: Elgraphic+DTQP bv, Schiedam
Drukwerk: Krips bv, Meppel
Bindwerk: Pfaff, Woerden

ISBN: 978-0-89334-491-7

Voor Joyce

Komt het vele uit één drang voort?
Is de eerste begeerte afkomstig uit de oermodder?

Waar is het allemaal begonnen
en hoe lang heeft het al bestaan?

Bevindt het zich in ieder die naar dualiteit zoekt
en in ieder paar dat naar eenheid streeft?

Zijn wij in staat om niet lief te hebben?

Titels van de hoofdstukken

Man / vrouw 59

Inleiding

Dit boek gaat over liefde, maar het begrip liefde wordt nergens specifiek genoemd of gedefinieerd. Waarom is dit zo? Omdat woorden slechts een metafoor zijn. Het beeld dat ze scheppen is indirect. Woorden staan het begrijpen in de weg, omdat ze de illusie oproepen dat je hetgeen gezegd wordt begrijpt. Ze beperken het begrip door de misleiding dat het mysterie onder woorden zou kunnen worden gebracht. Woorden beelden het authentieke slechts uit. Waar iets benoemd wordt, heeft men de neiging benoeming en zaak voor hetzelfde te houden. De wijzen hebben dat altijd al geweten. Ze begrijpen wat een naam inhoudt. En verliefden zijn ook wijzen.

Verliefden leven de liefde. Ze gaan er helemaal in op, zoals de regen in het regenen en de glimlach in het glimlachen. Ze kunnen het echter niet verklaren, want ze zijn het gewoon. Zo laat ook de tao zich, evenals de liefde, niet verklaren, omdat we het zijn. Het 'het' van de tao en het 'het' van de liefde zijn echter geen voorwerpen. Er bestaan geen voorwerpen. Wat we dingen noemen, zijn processen. Er bestaan geen zelfstandige naamwoorden, ook al doen we net alsof ze wel bestaan. Liefde bestaat niet, maar liefhebben wel.

De liefde tussen verliefden bevindt zich overal. Zij is er tussen stenen, tussen nevel en berg, tussen gras en maan. Minnaars noemen het liefde. Wijzen noemen het de tao. Vanwege deze liefde stromen de rivieren omlaag door de dalen, ontstaan uit zaad nieuwe groene loten, die vervolgens sterven en hebben man en vrouw seksuele omgang, waarna ze weer twee

15

aparte personen worden. Dit alles wordt de tao genoemd, maar het zit hem niet in de naam. Het is overal, maar niets weet wat het is, aangezien het alles is.

Deze algemene, overal waarneembare drang lijkt op de individuele drang tussen dingen. De drang tussen man en vrouw is dezelfde die er ook is tussen wortel en bloem, blad en grond, adem en wind. Man en vrouw hebben gemeenschap, zoals lucht en nevel, regen en rivier, berg en dal gemeenschap hebben. Ze maken deel uit van het diepe algemene. Elke individuele drift vervult de algemene drift; elk ding vervult al het andere. Deze kennis beweegt elk ding afzonderlijk en alle dingen gezamenlijk, van het gewone naar het bijzondere.

Eren betekent het bewegende geheel binnengaan en ons eraan overgeven. We worden één met de tao. Slechts van binnenuit kan er controle zijn. Evenals de wijze, weet de minnaar echter dat hij de boel niet onder controle heeft. Hierin ligt de paradox: liefhebben betekent vinden door verliezen, machteloos zijn door in de macht te zijn van.

Het woord 'kracht' wordt hier niet in de westerse betekenis, maar in die van de tao gebruikt. In het boek *Tao Te Ching* van Lao Tzu, dat uit het China van de vijfde eeuw voor Christus dateert, betekent het woord *Te* (uitgesproken als 'der' zoals in 'onder') letterlijk deugd/kracht. Het betekent in harmonie komen met de manier waarop het universum werkt (de *Tao*) en daarmee het verkrijgen van een onbaatzuchtige vorm van kracht, die niet voortkomt uit verzetten tegen, maar uit meegaan met. Het meegaan met is de deugd; het verkeren met is de kracht. Dit boek gaat over het harmoniëren van de mannelijke en de vrouwelijke deugd en kracht, om de mannelijke/vrouwelijke deugd/kracht te kunnen vinden.

In het Westen is de ervaring die deze categorie deugd/kracht het dichtst benadert, die van het krachtenveld tussen man en vrouw. Hoewel deze energie verwrongen en verontreinigd is door onze kijk op seks, is zij desondanks aanwezig als een oerkracht die de polariteit tussen man en vrouw bevestigt. In het model van de tao schept de polaire interactie van de yang en yin de dans van de tao. Minnaars ervaren de dans van deze energie als zowel iets zeer goeds (iets deugdelijks) als iets wat hen diep beroert (krachtig). In het Westen is de liefdeskunst de meest verbreide manier, misschien zelfs de enige manier, waardoor de levenskunst van de wijze voor iedereen toegankelijk is. In de westerse geobsedeerdheid met seks zit potentieel iets goeds. De massamedia, de vercommercialisering en het wetenschappelijk materialisme, die typisch zijn voor een groot deel van onze cultuur, zijn echter niet bevorderlijk voor de ontwikkeling van de fijngevoelige wijsheid die de wijze minnaar nodig heeft.

Ook kan de esthetische, intuïtieve en zich inlevende natuur van de wijze minnaar weinig beginnen met de technische attributen waarmee we het leven ingericht hebben. De kloof tussen wie we zijn en wie we denken te zijn, is aanzienlijk. We trachten ons met behulp van een objectieve, empirische houding overal van los te maken, toch kunnen we ons niet van onszelf losmaken. We zijn een subject, dat zich niet louter in objectieve termen laat beschrijven. We zijn gegrond in seksualiteit. Juist onze pogingen objectief te zijn, vergroten de betovering van het beminnen met al zijn subjectiviteit. Beminnen is een belofte aan onszelf die we gestand moeten doen. In plaats daarvan is het echter een verwarrende geestelijke zoektocht geworden, vanwege de vercommercialisering van seks. Minnaars kunnen elkaars object niet zijn. Een verpakking kan geen geheimen bevatten.

We leven in een oppervlakkigheid die het gevolg is van onze eigen vindingrijkheid. We worden overweldigd door indrukken, maar het gevoelsleven lijdt er schade door.

We weten dat ons kitsch verkocht wordt en dat we ons niet aan onszelf kunnen verkopen. We weten ook dat onze sexy schoenen op heel dun ijs lopen. Onze stijl vereist dat we voorzichtig lopen. Wanneer we seksualiteit losmaken van de rest van onze persoonlijkheid worden we er nooit door bevredigd. Direct onder de verpakking die voor de glamour en de verkoop gebruikt wordt, bevindt zich echter een diep, betoverend geheim. Wij weten, herinneren ons, of voelen gewoon dat, als we erin zouden springen, we in iets heel dieps terecht zouden komen.

De vercommercialisering van seks en de uitbuiting van erotiek door de reclame bevestigen ironisch genoeg het onloochenbare, onontkoombare feit dat wij seksuele wezens zijn. Onze seksualiteit is eenvoudig overal aanwezig.

Het is fascinerend en bevrijdend te weten dat seks een deel van ons is waar we niet omheen kunnen en dat zich ook niet laat temmen. Het zit gewoon in ons, of zitten wij erin? Zijn wij de slaven van onze drang naar bevrediging? Met permissie voor de afgezaagdheid van de dubbelzinnige uitdrukking: misschien kwispelt de staart inderdaad wel zijn hond. Het is heerlijk nieuws dat we onze seksualiteit niet kunnen bedwingen, dat wij haar alleen maar kunnen beheersen door ons eraan over te geven.

Dat toe te geven en met dat feit in harmonie te leven, staat gelijk aan deugd/kracht. Het eerste hoofdstuk van dit boek heet 'De tao', het laatste hoofdstuk 'Verbond'. Seksuele gemeenschap is de lichamelijke uitdrukking van de deugd/kracht, van de *te* van het taoïsme. Het is de opheffing van de fysieke tweedeling van man en vrouw, van ik en niet-ik. De man penetreert de vrouw en de vrouw laat de man in haar lichaam toe. Twee lichamen worden tot één lichaam. De fysieke gescheidenheid wordt opgeheven. Elk wordt de vervulling van de ander.

In de seksuele omgang worden ook andere tweedelingen van de klassieke voorstellingen over de geslachten opgeheven. De hardheid van de man is hier in interactie met de zachtheid van de vrouw, wat ook tot uitdrukking komt in hun relatie van geven en ontvangen, vinden en verliezen, fermheid en toegeeflijkheid. Tijdens de seksuele omgang wordt de fysiologische leegte van de vrouw gevuld met de fysiologische volheid van de man, totdat haar leegte zijn volheid ledigt. Er bestaat inderdaad een tweezijdige symmetrie tussen seksualiteit en bewustzijn, die inherent is aan het denken en het doen. Tijdens de seksuele omgang wordt deze symmetrie opgeheven.

Tegelijkertijd is het typerend voor het taoïsme dat dualiteiten toch ook weer niet worden opgeheven. Zoals er de yin van de seksuele gemeenschap is, zo is er de yang van het uit elkaar gaan. Wat samenkomt, moet ook weer uit elkaar gaan. De energie van de tao is ritmisch, niet lineair. De weg van de tao is niet het vasthouden aan het bereikte, maar het in harmonie brengen van wat zowel een begin als een eind heeft, komt en gaat, stijgt en valt, vult en leegt. Daarom moet er niet alleen over de seksuele omgang tussen man en vrouw worden gesproken, maar ook over het niet-hebben van seksuele omgang.

Maar ook als man en vrouw van elkaar gescheiden zijn, staat dat gescheiden zijn niet op zichzelf. Wij zijn zowel aparte individuen als individuen die deel uitmaken van een groter geheel. Daarom zijn we tegelijkertijd ik, minnaars en gehelen.

Het is moeilijk een en ander uit te leggen, omdat elke uitleg gebonden is aan linguïstische conventies. Taal is iets lineairs, het streeft naar het ontleden en uit elkaar rafelen van ervaringen die in wezen een eenheid en een gelijktijdigheid, een gestalt vormen. Lineariteit is slechts een deel van het geheel.

Ook op andere manieren verwringt de taal de werkelijkheid. Het woord tao bijvoorbeeld wordt grammaticaal als zelfstandig naamwoord gebruikt, maar het is in feite geen zelfstandig naamwoord. Het is eerder een gerundium, een zelfstandig werkwoord, iets tussen zelfstandig naamwoord en werkwoord in. Het is geen ding en het is geen idee. Het lijkt op een golffunctie uit de kwantummechanica, zit ergens tussen ding en idee in, zoiets als een vaag zelfstandig naamwoord, of als een idee dat niet verwerkelijkt wordt. Het laat zich niet objectiveren en kan niet door het denken ontrafeld worden. Ook de structuur en manier waarop dit boek geschreven en geconcipieerd is, maakt de tao niet tot iets grijpbaars. Om iets te kunnen begrijpen, moet je er in feite met je gedachten greep op kunnen krijgen. De tao laat zich niet begrijpen, omdat het het denken overstijgt. Het is een proces waarop we ons kunnen instellen, maar we kunnen het niet begrijpen en we kunnen het ook niet van het praktische leven losmaken, omdat het om het al gaat.

De liefde is op eenzelfde wijze ongrijpbaar, omdat wij zelf deel van die liefde uitmaken. Liefhebben is een proces, een verandering binnen een verandering, een relatieproces waarvoor we alleen oog hebben vanwege onze zogenaamde onveranderlijkheid en eigenheid. Beminnen is relatie, wij zijn relatie en de tao is relatie. Zoals de relativiteitstheorie laat zien is in feite alles relatie. Beminnen is de misleidende relatie tussen wat individualiteit en saamhorigheid wordt genoemd.

De relatie die we beminnen noemen, is ons net zozeer eigen als hitte dat is aan vuur, hardheid aan steen en wind aan lucht. Maar we hoeven niet zweverig of verwaand te doen over een eigenschap die we uitsluitend aan onszelf toeschrijven. Dat we antropocentrisch ingesteld zijn, spreekt juist vanzelf. We zijn namelijk net zo geabsorbeerd door onszelf als bomen met bomen. Alle relaties zijn op vergelijkbare wijze met zichzelf bezig. Wortels zijn gericht op aarde en water, bladeren op lucht en zon. Wacht de bloem niet op het stuifmeel? De relatie tussen twee minnaars die in elkaar opgaan, is dezelfde als die tussen twee dingen die in elkaar opgaan. Alles gaat in zichzelf op en gaat in dat in zichzelf opgaan helemaal op.

Minnaars die in elkaar opgaan, scheppen hun eigen vrijheid, zoals de vrijheid van elk ding bestaat uit de neiging om alleen zichzelf te kennen en zijn eigen leven te leiden. Het in onszelf opgaan noemen we vrijheid. Tegelijkertijd hebben we onzelfzuchtig geen andere keuze dan ons aan te passen aan de grotere harmonie om ons heen. Om het taoïstisch te zeggen: liefde is als vrijheid, maar ze mag niet als iets absoluuts worden opgevat.

Minnaars, die in harmonie met elkaar leven, staan in dezelfde relatie tot elkaar als de wijze ten opzichte van de wereld. Ze ervaren een openhartigheid en diepe harmonie die ze misschien vrijheid of liefde noemen, maar die in feite deugd/kracht is. Minnaars, die elkaar in alle vrijheid liefhebben, laten zich door hetzelfde proces meenemen als de taoïstische wijze, die zich door de tao laat meenemen. Alles wordt geëerd en alles komt tot zijn bestemming.

Minnaars mogen zichzelf zijn, om elkaar te kunnen aanvaarden. Zoals minnaars zichzelf aanvaarden, aanvaardt alles zichzelf. Tenslotte leven we in een uni-versum. Op dit gebied zijn minnaars zonder het te weten taoïsten. Minnaars hebben via zichzelf toegang tot de weg van de wijze, als ze maar verder durven te kijken dan alleen de beperkte blik van elkaars ogen. Het proces waarmee ze tot vervulling komen, is hetzelfde proces waardoor alles al het andere tot vervulling brengt.

De kunst van de taoïst is te leven met de wereld in wederzijdse erotische vervulling. Erotisch is niet hetzelfde als seksueel. Erotisch betekent een diepe wederkerigheid, een diepe harmonie tussen tegenstellingen, een opheffen van de scherpe randjes, zodat alles met elkaar versmelt en toch zichzelf blijft. Bij minnaars verkrijgen hun hartstocht en gerichtheid op elkaar deze diepe erotiek natuurlijk door middel van hun seksuele omgang. De wijze bereikt deze erotische vervulling door in holistische harmonie met de wereld te leven, terwijl hij ondertussen de wereld in harmonie met zichzelf laat.

Het vinden van een evenwicht tussen man en vrouw brengt bij wijze minnaars een streven op gang in de richting van universele harmonie: via de harmonie tussen man en vrouw naar een universele harmonie. Hierbij worden de leidinggevende, dominerende eigenschappen van de yang gecompenseerd door de toegeeflijke, zorgzame eigenschappen van de yin. We stellen ons zachter in de wereld op en evolueren van 'manheid' tot 'mensheid'.

Grote dingen worden echter niet in één dag bereikt. Hoewel het in harmonie brengen, zoals dat tussen man en vrouw, ook voor andere relaties mogelijk is, heb ik mij in dit boek beperkt tot het intensiveren en harmoniëren van de mannelijke en de vrouwelijke energie. Zoals yin en yang typerend zijn voor het taoïsme, zo zijn voor het intermenselijk verkeer de twee handvatten van het mannelijke en het vrouwelijke typerend. Als man en vrouw moeten we met onszelf en onze geslachtelijke tegenpool leren leven, niet alleen lichamelijk, maar ook op het gebied van de filosofie en de esthetica.

Zoals vissen zich aan het water kunnen toevertrouwen, om in te zwemmen, zo kunnen man en vrouw zich aan hun wederzijdse seksuele aantrekkingskracht toevertrouwen, om dieper in zichzelf en in de tao te kunnen afdalen. Waar het verstand zich meer bewust wordt van de diepte en breedte van de seksualiteit, wordt ook het lichaam zich er dieper bewust van, waardoor de fysieke en de geestelijke energie toenemen. De nadruk in dit boek ligt niet op de lichamelijke dimensie van de seksualiteit, maar op de filosofische en esthetische aspecten ervan. Er moet meer tegenwicht geboden worden aan de preoccupatie van onze cultuur met het louter fysieke. Het juiste tegenwicht geeft de mogelijkheid tot een meer holistische beleving van seksualiteit.

Wat is een holistische ervaring van seksualiteit? Woorden zijn hier niet toereikend, aangezien zij niet de taal van het lichaam spreken. Maar ook het lichaam kan het niet volledig weergeven, aangezien het lichaam niet de taal van de geest spreekt. Het geheel van de ervaring weet echter wel wat het wil zeggen als de tegenstellingen mannelijk en vrouwelijk, de een en de ander, geest en lichaam, in elkaar versmelten. Seksuele omgang is lichamelijk contact, maar tegelijk de symbolische vereniging van polaire oertegenstellingen. Het is zowel iets reëel fysieks als een beeld van de creatieve geestelijke energie die alles in de richting van eenheid stuwt.

Zo wordt alles opnieuw polair geladen en hernieuwd. Tijdens de seksuele omgang wordt wat buiten en anders is verenigd met wat binnen en eigen is. Hierdoor lossen het inner-lijke en het uiterlijke, het ik en het niet-ik, op.

Vanuit deze opheffing gaan man en vrouw vervolgens weer hun eigen weg. Uit de vrouw komen de kinderen voort, die zich op hun beurt seksueel weer verenigen en zich in eigen kinderen opdelen. Dit polair geladen ritme herhaalt zich van generatie op generatie.

De biologie zorgt echter wel voor zichzelf. Wat wij moeten doen, is het cultiveren van de kunst om zowel passief als ac-tief te zijn, om ons zowel door onze seksuele energie te laten gebruiken als die zelf te gebruiken. Het komt erop aan een manier van leven te vinden waardoor ons zeer actieve li-chaam in harmonie kan leven met een zeer actieve, niet inter-veniërende geest en daardoor toegang kan verkrijgen tot de volheid van de seksuele energie van man en vrouw. Om vol-ledig van je seksualiteit te kunnen genieten, moet je zo ver-rijkt en opgeladen zijn dat je de rijke en geladen oerdrang van de deugd/kracht tegemoet kunt treden.

De deugd/kracht wordt gevonden door je in diepe verwar-ring te begeven, waarna er iets uiterst verwarrends gebeurt. De liefde bereiken we zo niet, maar we worden meegenomen naar het diepere beminnen. Het taoïstische in harmonie brengen van man en vrouw wil zeggen dat je je steeds dieper in je relatie begeeft, totdat er iets heel wezenlijks en dieps plaatsvindt.

De tao van relaties

陰陽論

De tao

1. Altijd al werkzaam geweest

Water stroomt niet omhoog naar de berg waar de verschillende waterstromen uit elkaar gaan, maar omlaag naar de zee, waar het samenvloeit. Man en vrouw vormen samen de rivier die naar beneden stroomt.

Stroom in elkaar over en beweeg je samen omlaag, naar de plaats waar je in zee komt. Laat je vrijwillig meevoeren op de stroom van de onfeilbare oerdrang die altijd al werkzaam is geweest.

2. Alle maat te boven

Tussen man en vrouw is iets wat de vijf zintuigen ontgaat. Luister ernaar en je hoort niets. Probeer het te ruiken en te proeven en je merkt niets. Raak het aan en je vindt leegte. Geen oog heeft het ooit gezien. Waar vind je zijn hoogte, breedte, diepte, gewicht? Je kunt er iets over zeggen, maar je kunt het niet meten.

Het wordt gegeven en niet verdiend, ontvangen maar niet genomen. Het gebeurt ons, gebeurt voor ons en met ons, maar het is onvindbaar.

Wat onvindbaar is, kan tegelijk niet verloren gaan. Zonder maat gaat het alle maat te boven.

3. Stroomt alleen maar

Op zijn weg van de berg naar de zee bevochtigt de stroom alle stenen die hij tegenkomt. De regen maakt alles nat, het hoogste en het laagste, het hardste en het zachtste, het droogste en het natste.

Het water dat geen onderscheid maakt, alles bevochtigt en alles voedt: het aanvaardt niet en het verwerpt niet, het kiest zelfs niet. Het heeft geen wil en het strijdt niet. Het stroomt alleen maar.

4. Door kalm te blijven

Het geschenk van de tao is meer waard dan enig ander geschenk. Hoe krijgt iemand er deel aan? Door kalm te blijven waar anderen niet kunnen nalaten te geven; door kalm te blijven waar anderen niet kunnen nalaten te nemen.

Waar bergen zijn, stroomt het water weg. Waar dalen zijn, stroomt het water naartoe.

De bewegende stilte tussen man en vrouw is hun grootste geschenk aan elkaar. Vertrouw op de stilte. Wees samen stil en de stilte zal gaan bewegen.

5. De grote ruimteschepper

De grote moeder is het levenskanaal van alles. Haar eigen leven bevindt zich in alles.

Door niets te doen, laat ze alle dingen bestaan. Binnen haar grote cirkel komen het bruine, het groene en alle schepselen tot hun recht. Zij bestaat slechts, als een belofte voor iedereen, opdat alles zichzelf mag zijn.

Vanwege de grote moeder bestaat er een band tussen alle dingen. Ze is rond en rondom alles en daarom is ze de volle leegte waarin alles plaatsvindt. Ze maakt overal deel van uit, maar wordt tegelijk nergens aangetroffen. Daarom is ze de grote ruimteschepper.

6. De plek zonder grenzen

Als er geen muren zijn, is er geen woning. Als de kamer te klein is, kan er niet in gewoond worden. De leegte binnen moet aangenaam aanvoelen.

De plek waar man en vrouw samen verblijven, dient afgeschermd te zijn, maar mag niet te klein zijn. Het moet een omheinde plaats zijn, maar wel een ruime plaats. Waar twee samenwonen, gaat het erom de plek zonder grenzen te vinden.

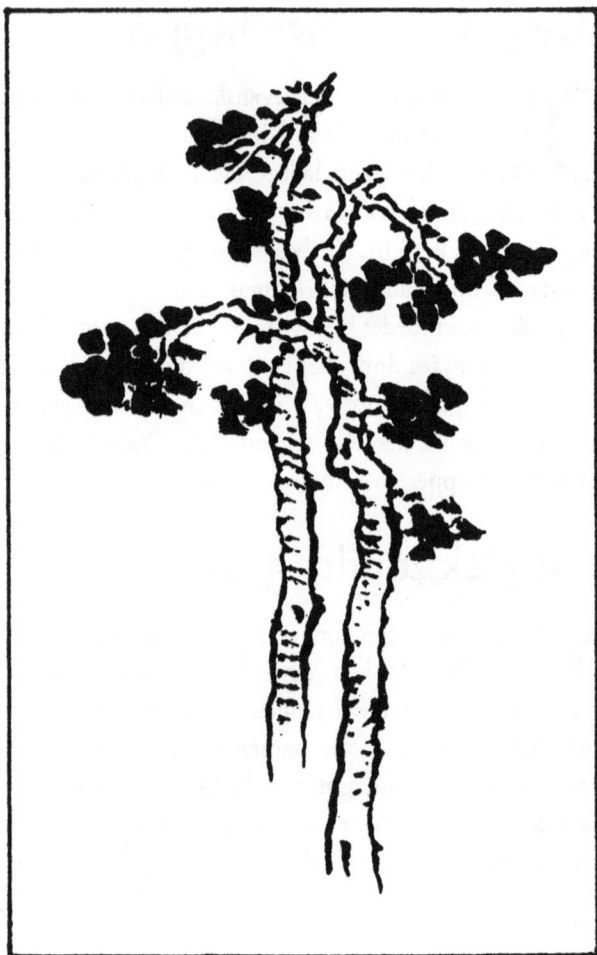

7. Bewaar de band

O m de band tussen man en vrouw te kunnen bewaren, moet deze gekoesterd worden.
Draag hem als de wind en de zee. Omhels hem als een berg.

8. Ga met elkaar om zonder...

H etgeen waaraan vastgehouden wordt, gaat verloren. Hetgeen losgelaten wordt, blijft. Ga met elkaar om zonder elkaar te willen bezitten.

9. Het komt van binnen

B eschouw iets als je bezit en je zult het verliezen. Streef naar iets en je zult falen. Vecht voor iets en je zult de nederlaag lijden. Laat iets los en je zult het bereiken. Geef je aan iets over en je zult het ontdekken. Laat je eigen wensen los, om te vertrouwen. Respecteer, om te ontvangen. Wat ingewikkeld lijkt, is eenvoudig en gemakkelijk uit te voeren, omdat het niet van buiten, maar van binnen komt.

10. Geen mysterie

Het wordt tao genoemd. Omdat het zich overal bevindt, tussen en in alle dingen. Het is overal, in elk moment. Daarom is het geen mysterie. Maar als je ernaar zoekt, vind je het niet. Als je erover nadenkt, raak je verward.

Om het te kunnen ruiken... moet je enkel ademen. Om het te kunnen horen... moet je enkel luisteren. Om het te kunnen vinden... moet je jezelf enkel openstellen. Daarom vinden ook de man en de vrouw elkaar niet, maar worden ze door elkaar gevonden.

11. Als je geen...

Als je geen oren hebt, luister dan door middel van de stilte. Als je geen ogen hebt, kijk dan door middel van het donker. Als je niet kunt spreken, leer dan het onuitgesprokene kennen.

12. Hoe dwaas!

Door te doen alsof val je uiteindelijk door de mand, oneerlijkheid blijft niet altijd verborgen. Onechte gezichten zullen ontmaskerd worden. Alleen wie vergeten is dat hij bedriegt, ziet zelf niet door bedrog heen. Als je je ogen open hebt, zie je hoe dwaas het is!

Waar in het universum is plaats om iets te verstoppen? Daarom is een beetje eerlijkheid beter dan duizend keer listig bedrog.

13. Daar moeten we mee beginnen

Door te doen alsof verhul je het vanzelfsprekende. We zijn niet zoals we ons voordoen. Hoe we ons best ook doen. Als we het proberen, wordt het alleen maar erger. Als we niet meer doen alsof en dat ook niet meer proberen, krijgt ons ware ik automatisch de ruimte om zichzelf te worden. Daar moeten we mee beginnen.

14. De grootheid van het eenvoudige

Hoewel het begin ingewikkeld lijkt, is het allereerste begin gemakkelijk. Vind het gemakkelijke begin. Het grootste komt uit het eenvoudigste voort. In het centrum van het grootste bevindt zich het kleinste. Ontdek de grootheid van de eenvoud.

Wees op je hoede voor doen alsof en uiterlijkheid. Als je het belangrijke wilt vinden, blijf dan bij het eenvoudige. Het echt grote is nooit gecompliceerd. Vertrouw op het eenvoudige. Dan komen er harmonie en eensgezindheid uit voort. Het grootste vind je altijd in het kleinste.

15. Let op het gewone

Heb meer oog voor het geheim van het gewone. Let op het gewone. Er bestaat niets anders. Alle gepeins voert uiteindelijk terug naar het begin en erkent wat voor iedereen duidelijk is. Je bent wijs als je je kunt verwonderen over het gewone.

16. Breng je wereld in evenwicht

Als we te luid spreken, worden we niet gehoord. Als we verblinden, worden we niet gezien. Als we ons te opvallend opmaken, worden we aan het oog onttrokken. Als we te veel spreken, worden we onduidelijk.

Laat het spreken diep uit het binnenste komen, uit de rust van het hart. Laat de stilte spreken. Luister naar de stilte. Luister naar het geluid tussen de woorden.

Wees geduldig en oplettend. De oppervlakte komt het eerst. Neem de tijd voor het diepe om het diepe te vinden. Breng steeds de verschillende krachten van je wereld met elkaar in evenwicht.

17. Denken en vragen

Waar krijgen we nieuwe lichamen? Elk lichaam legt het uiteindelijk af, elk ik verdwijnt uiteindelijk. Het ik van elk lichaam moet zijn eigen ellende onder ogen zien.

Leid eenvoudig je eigen gewone leven. Vergeet dat het grootste gevaar in denken en vragen zit.

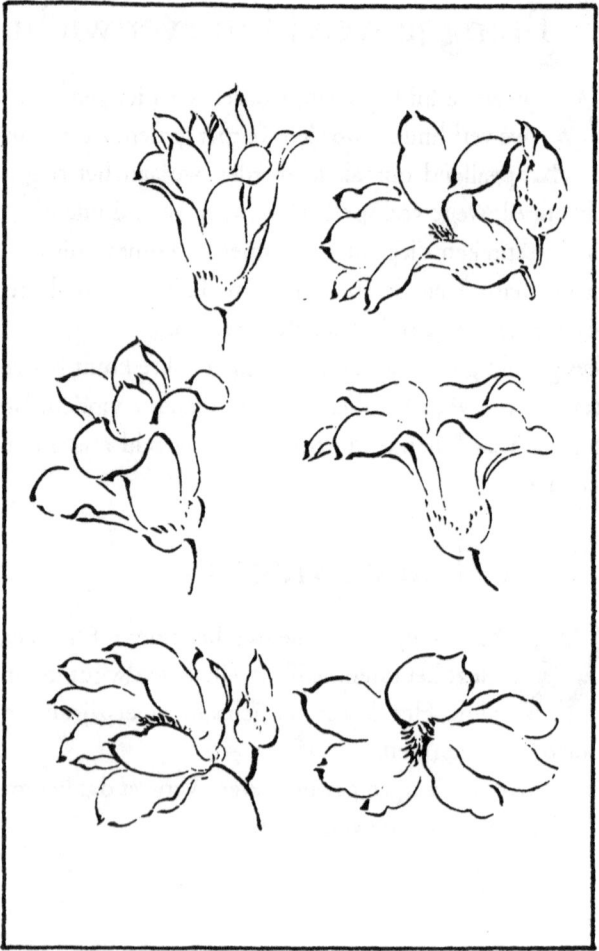

18. Omdat wij veranderen

De ruimte tussen man en vrouw laat zich niet vullen en laat zich niet ledigen. Vul haar en er blijft nog ruimte over, ledig haar en ze wordt toch niet leeg. Zoek ernaar en je zult haar niet vinden. Beveel haar te komen en ze komt niet. Raak haar kwijt en ze zal toch niet wegraken.

Aangezien ze niet in waarde uit te drukken valt, gaat ze alle waarde te boven. Aangezien ze alle waarde te boven gaat, kun je er gratis deel aan krijgen. Je kunt haar niet verdienen door erg je best te doen. Als je haar gevonden hebt, kun je haar niet vasthouden.

Elk moment is ze weer anders, maar haar naam blijft hetzelfde, omdat wij veranderen.

19. Vinden betekent aanvaarden

Als het zo eenvoudig is als de ontmoeting tussen een man en een vrouw, waarom is het dan toch zo moeilijk? Zo'n gevecht! Zo'n verlangen en zo'n gezoek, zo veel intriges en ruzies, zo veel aandringen en smeken! Zo veel gewrongenheid! Er komt iets tussen, waardoor wat eenvoudig is ingewikkeld wordt.

Vinden betekent aanvaarden, niet omvormen. Je kunt beter het wensen, het begeren, het hopen en ook je eenzaamheid vergeten. Die vertroebelen slechts het water van je verstand.

20. En hoe ze voorbijgaan

Als het leven moeilijk is, denk dan aan de gemakkelijke momenten en hoe ze voorbijgaan. Als het leven gemakkelijk is, denk dan aan de moeilijke momenten en hoe ze voorbijgaan. Zo blijf je geduldig en bewaar je het juiste perspectief, zonder zelfvoldaan te worden.

21. Met de uitgesproken vraag

Stop wat beweegt en kijk hoe het verandert. Neem uit het lege. Voeg toe aan het volle. Benoem het en je raakt het kwijt in een doolhof van woorden. Verbreek het stille antwoord met de uitgesproken vraag.

Kijk in het donker. Tast in de leegte. Luister in de stilte.

22. Zo vanzelfsprekend

Net als de tao is het zo wijd dat je het niet kunt missen, zo smal dat je het niet kunt vinden, zo vanzelfsprekend dat het je ontglipt.

Het is daar waar harmonie niet ontstaat uit onderwerping, vrede niet uit overweldiging, rust niet uit het opleggen van zwijgen.

Waar gestreden wordt, is het verdwenen, waar het gepakt wordt, raakt het weg. Waar iemand bereid is te ontvangen, wordt het gegeven, waar je jezelf leegmaakt, word je ermee gevuld.

23. De reis naar het begin

Verlies het gewone om het gewone te vinden. Het ongewone bevestigt de waarde van het gewone. Verlaat het bekende om het bekende echt te leren kennen. Al ons reizen leidt terug naar het gewone. Het is juist het gewone dat buitengewoon is.

Wees ostentatief, kleed je opvallend en je zult zowel iets verliezen als iets vinden. Verlies zonder iets te vinden en je zult gemakkelijk overvallen worden op je reis naar het begin.

24. De stille grond

Het eenvoudige wordt door het ingewikkelde over het hoofd gezien. Het gemakkelijke wordt gemist door het knappe. Juist met het moeilijke maken we onszelf belachelijk.

Begin met je te legen. Luister en kijk vervolgens. Luister naar het horen, kijk naar het zien. Luister met je oren wijdopen, zonder na te denken. Kijk met je ogen wijdopen, zonder na te denken. De stille grond zal spreken. De lege lucht is vol. De tao laat zich niet van zichzelf isoleren.

25. Betracht nederigheid

Betracht nederigheid en probeer elkaar niet voorbij te streven. Een winnaar bestaat niet zonder een verliezer. Vergelding roept vergelding op. Wat een dwaze vicieuze cirkel!

We worden nederig geboren en we sterven nederig. Nederigheid is van begin tot einde de goede levenshouding.

26. Woorden zijn gemakkelijk

Het spreken van woorden is gemakkelijk, maar wat is het nut ervan? De tao valt niet in woorden uit te drukken. Zoek naar woorden en geen enkel woord zal voldoen. Noem het de tao, maar wat je het ook noemt, dat is het niet. Waar is de tao? In elk woord. Tussen elk woord. Voorbij elk woord.

Vergeet de woorden. Volg in je hart de lessen van de wijzen en wees vervolgens vrij van de wijzen en hun lessen. Dan heb je de tao. Herinner je echter één woord van advies en de tao verdwijnt. Noem één ding en je zult de tao weer missen. Denk zelfs niet aan woorden.

27. Om de hemel te bezitten

Stop het water, grijp de rivier. Pak de lucht en neem de hemel in bezit. Wat een dwaze strijd! Om de rivier te grijpen... moet je rivier worden. Om de hemel te bezitten... moet je hemel worden.

28. Even spontaan als geboorte en dood

Elke conceptie en elke geboorte beelden de stroom van donker naar licht uit. Elk leven en elke dood beelden de stroom van licht naar donker uit.

De dag laat zich niet stoppen. De maan blijft in haar baan draaien. De seizoenen volgen elkaar in hun juiste ritme op. Leef in harmonie met de natuurlijke loop der dingen. Accepteer de dood zoals je geboorte accepteert.

Elk moment wordt er iets nieuws geboren en sterft er ook iets. De tijd is altijd aanwezig als alles wordt losgelaten en wij ons door de tao laten dragen.

Het juiste ogenblik is van cruciaal belang. Om niet te vroeg of te laat te komen, moet je zowel oplettend als onbezorgd zijn. Het hele universum hangt aan elk moment, toch is geen ding van wezenlijk belang. Elk moment is even spontaan als geboorte en dood.

29. Worden we gevonden

De leegte tussen man en vrouw trekt ze naar elkaar toe. Zoek ernaar en je raakt haar kwijt. Jaag ernaar en ze ontsnapt je. Om deze leegte te kunnen vinden, moet je eerst zelf leeg worden. Zonder te willen en zonder het nodig te hebben, worden we gevonden.

30. Elkaar als water ontmoeten

Sterker dan sterk is het je overgeven en als je je overgeeft, vind je kracht. Achter antwoorden liggen nieuwe vragen en achter vragen liggen nieuwe antwoorden. Achter het een ligt het ander. Achter beide ligt de tao.

Om wat achter beide ligt te begrijpen, moet je er in je denken aan voorbijgaan en je richten op het geheel. Hoe kan de geest zo groot denken? Door klein te denken. Zelfs in het kleinste vind je de heelheid van de tao.

Hoe kunnen man en vrouw beide overstijgen? Door te breken en elkaar als water te ontmoeten.

31. Omdat hij er al zo lang is geweest

De oerdrang is er al heel lang en zal ook nog heel lang blijven bestaan. Daarom zal hij ook nu niet falen. Aanvaard hem en leef met hem in harmonie. Hij kan jullie levens meer dan vervullen.

32. Om de tao te vinden

Gebruik je beide voeten om te lopen. Gebruik je beide oren om te horen. Gebruik je beide ogen om te zien. Eén verstand is niet genoeg om te begrijpen. Gebruik het verstand van jullie beiden om de tao te vinden. Wie zijn geest met zijn eigen geest onderzoekt, vindt slechts zichzelf. Gebruik het verstand van het zelf en van het niet-zelf om de volle geest te vinden.

Verlies je eigen geest om het niet-zelf te vinden. Verlies de een om de ander te vinden. Verlies allebei om de tao te vinden.

33. Elk is

De geest omsluit elk is met is-niet en eindigt elk is-niet met is. Slechts met behulp van de geest kunnen we het een van het ander onderscheiden.

Bij een kleine geest wordt het een door het ander bepaald. Bij een grote geest hoort het een bij het ander. Bij een geen-geest is het een het ander.

34. Onder elk weten

Er bestaat een mysterie omdat er zoiets bestaat als niet-weten. Toch bevindt zich onder elk weten het volgende niet-weten. Daarom maakt elk weten het mysterie groter.
Maar zelfs in het weten heb je het mysterie van het weten.

35. De weg van de tao

De weg van de tao is je legen als je te vol bent en je vullen als je te leeg bent. Dat is de weg van de tao. Wanneer de geest te vol is, moet hij geleegd worden. Wanneer hij leeg is, zal hij door de tao gevuld worden.
Als een man en een vrouw vol zijn van elkaars geluk, behouden ze de leegte die hun volheid in balans houdt. Als een man en een vrouw vol zijn van elkaars ongeluk en weer opnieuw willen beginnen, moeten ze zich eerst leegmaken.

Man / vrouw

男
女

36. Dicht bij de grote moeder

Het zoete is niet de essentie en de essentie is niet zoet. Het voedsel bevat de aroma's van de aarde. Blijf dicht bij de grote moeder. Wij gaan toch immers altijd naar haar terug? We zijn haar vruchten en haar graan. Geworteld in haar grond worden we tot wat we zijn. Uit haar zijn we afkomstig en door haar wijsheid worden we gevoed en geoogst.

Man en vrouw zijn de levende aarde. In de grond van haar genade vinden we elkaar, raken we haar vlees aan, drinken we van haar nectar en bloeien we dankzij haar simpele schatten.

37. De beide helften van het nu

Er bestaan niet slechts mannen of vrouwen. Het bestaan van de een maakt het bestaan van de ander noodzakelijk. Hoe vreemd is het om tegen het wezen van de dingen te vechten. Hoeveel wijzer is het om zo te worden zoals de wereld is.

Hoe groot moeten we worden? Zo groot als een man en een vrouw. Zo groot als de beide helften van het nu.

38. De een door de ander aangevuld

De man is als man alleen incompleet. De vrouw is als vrouw alleen incompleet.

Er is een vurige strijd waarbij de een de ander probeert te vinden om beiden te verkrijgen.

Daarom bestaat zowel de man als de vrouw, waarbij de een door de ander aangevuld wordt.

39. Door de niet-kennis

Hij, de bekende, zoekt het onbekende. Zij, de onbekende, is bewaarder van het onbekende.

Het verborgen duister van de vrouwelijke seksualiteit is de oeroorzaak die de man verleidt het weten op te geven en op zoek te gaan naar het niet-weten.

Waar kennis is, kan de tao alleen maar gevonden worden door de niet-kennis.

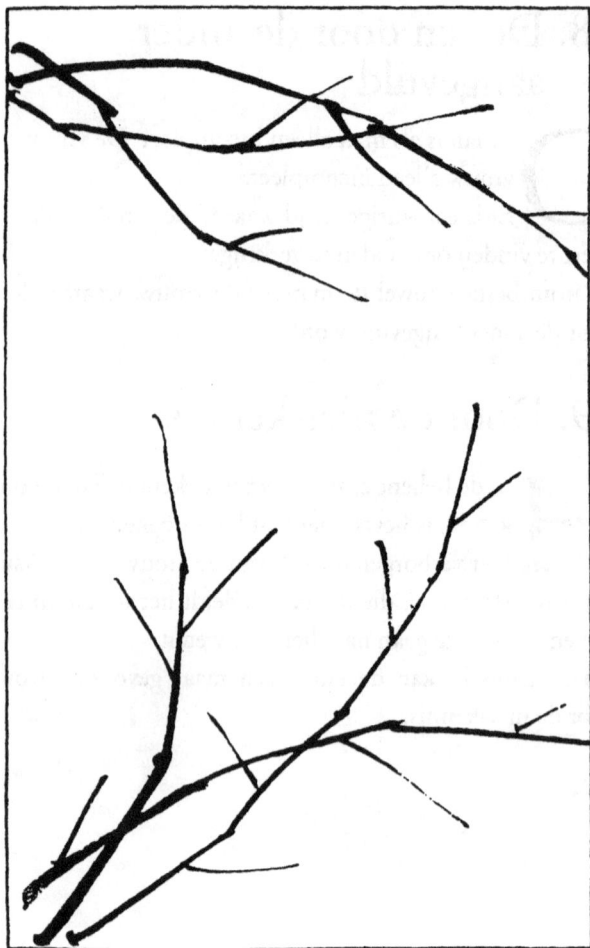

40. Onverdeelde stilte

Door te benoemen, is er scheiding ontstaan. Aangezien het een op het ander volgt, zal er na scheiding weer heelheid zijn. Benoem en scheid daarom, opdat er heelheid uit mag voortkomen.

Geef aan de vrouw de naam vrouw en scheid haar van de man. Geef aan de man de naam man en scheid hem van de vrouw. Vind voorbij noemen, benoemen en scheiden, heelheid en onverdeelde stilte.

41. Dwaze ernst

Hoe kunnen een man en een vrouw die naar elkaar op zoek zijn kalm blijven? Wat een obsessie! Elke blik ziet slechts het zoeken en er bestaat in de hele wereld nog maar één behoefte. De geslachtsorganen krijgen honger, het hart klinkt hol en eenzaam en iedereen wordt tot mogelijkheid. Wat een strijd, wat een ritueel, wat een gedraai en dwaze ernst!

42. Het eenvoudige en het grote

Wie op bezit uit is, moet eraan denken dat de band tussen man en vrouw niets nodig heeft. Wie veel heeft, verliest het eenvoudige en grote uit het oog. Ze worden overschaduwd door het tijdelijke en onbelangrijke.

43. Het verborgen centrum van de ander

Te veel verbergt te weinig. Wie luid spreekt, probeert zijn onzekerheid te verbergen. Wie zich haast, zorgt niet goed. Wie veel spreekt, is in wezen verward. Zich zeker voordoen is een mantel voor oppervlakkigheid. Het ingewikkelde verdoezelt het eenvoudige en het simplistische verdoezelt het diepgaande.

Tussen te veel en niet genoeg bevindt zich het centrum van ons eigenlijke wezen. De man en de vrouw die elkaar vinden, begrijpen elkaars verborgen centrum dat met de wereld in evenwicht probeert te leven.

44. Alleen maar uit henzelf

Veel uitgaven en veel bezit, een leven in weelde en aan iedereen aandacht schenken... wat heeft dat met het leven van man en vrouw samen te maken? Het eenvoudige wordt er slechts door bemoeilijkt, het staat het gewone in de weg en overschaduwt de tao.

Te veel is net zo'n gevaar als te weinig. Als er te veel is, moet je het sobere cultiveren en het eenvoudige koesteren. Man en vrouw ontmoeten elkaar naakt en het grootste wat ze elkaar geven, komt alleen maar uit henzelf voort.

45. Omringd door leegte

Dat wat niet is, is leegte. Wat is, wordt door leegte omringd. Buiten de man bestaat er altijd de vrouwelijke leegte van het universum.

De mens is altijd in de greep van de leegte. Wat hij ook doet, waar hij ook gaat, hij kan niet ontsnappen aan de greep van de grote moeder.

46. In haar armen

Rond en vol als zij is, heeft zij ronde heupen, een schede vol heerlijkheid en borsten vol voeding. Zij is vrouw, aarde en wijsheid. Zij biedt aan en geeft, voedt en vervult.

Hard en karig typeert de kracht van zijn penis, zijn streven en zijn vele gevechten. Hij is man, berg en kennis, iemand die schept en verplaatst, neemt en vormt.

Zoals de berg uit de aarde voortkomt, komt de man uit de vrouw voort. Alles komt uit de grote moeder voort; de man speelt als een kind met heel zijn hart op haar schoot en in haar armen.

47. Door elkaar verbonden

Laat je zweven in de lucht van ideeën en verdwijn in de zachte wind van gedachten. Waar is dan nog het lichaam dat uit de aarde voortkomt en het vlees dat bij ander vlees hoort?

Raak de aarde aan. Ruik haar heerlijke geur. Proef van haar aroma. Man en vrouw worden door elkaar aan de aarde verbonden.

48. De wortel en de stam van woorden

De boom groeit omhoog, de lucht in om hem heen. Hij wordt door de hemel omsloten. Zijn wortels dalen in de grond af die ze vasthoudt, terwijl de aarde ze voedt. Hiermee te vergelijken zijn de verbondenheid, het handelen en de geslachtsgemeenschap van de oerman en de oervrouw.

Deze verbondenheid leert men niet met woorden kennen, aangezien woorden niet het onmiddellijke kunnen uitdrukken van beweging en stilte, geven en ontvangen, binnenste en buitenste, hard en zacht, vasthouden en loslaten.

De wortel en de stam van woorden zoeken tussen de leegte van de lucht en de volheid van de aarde. Gedachten stijgen bij deze woorden op en dalen neer, terwijl de kennis daarentegen ontstaat waar de grote moeder in stilte omarmd wordt.

49. De ongewone man

Het vlees dat man heet, is klein in de lege volheid van de grote moeder. Het vlees dat vrouw heet, bezit leegte en opent zich om de volle leegte van de grote moeder in zich op te nemen.

De man probeert met zijn streven de grote moeder te veranderen en te vullen; de vrouw probeert door te omhelzen deel te krijgen aan de grote moeder.

Daarom is het voor de gemiddelde man moeilijk om zacht te worden, zich te legen, te omhelzen. Daarom kan alleen een ongewone man groter zijn.

50. Eerst leerlingen

De leerling hakt en het hout gaat kapot. De meester raakt het hout aan en het geeft zich en komt tot leven.

Zelfs een man en een vrouw moeten eerst leerling zijn. Pas als ze een met elkaar zijn, komen ze samen tot leven.

51. Gemakkelijker ontdekt

Welke man kan een vrouw vinden zolang hij zichzelf nog niet gevonden heeft? Welke vrouw kan een man vinden zolang zij zichzelf nog niet gevonden heeft? Zoek en ontdek het innerlijke. Wanneer we onszelf vinden, worden we ook gemakkelijker door anderen ontdekt.

52. De weg van de wijze

Cultiveer voorzichtigheid, maar verzet je tegen angst. Vind de balans tussen geven en ontvangen. Temper haast door geduld. Wees niemands dienaar of meester. Volg niemand, maar leer van iedereen. Leer het ik en het niet-ik kennen. Het binnenste en het buitenste horen namelijk bij elkaar: voor een vervuld ik is een vervuld niet-ik nodig. Ontdek het denken van de wijze door te handelen.

Ondanks de grote afstanden hoef je nergens heen te gaan. Ondanks de grootte van de wereld vind je het antwoord hier, op deze plaats. Er zijn geen bestemmingen, het reisdoel is al bereikt, waar we ook zijn.

53. Waaruit jullie beiden bestaan

Hoe dwaas is het dat man en vrouw elkaar zouden moeten proberen te veroveren. Laat je niet door een van beiden leiden, maar door jullie samen. Volg je oerroeping en verneder je voor degene uit wie jullie beiden bestaan.

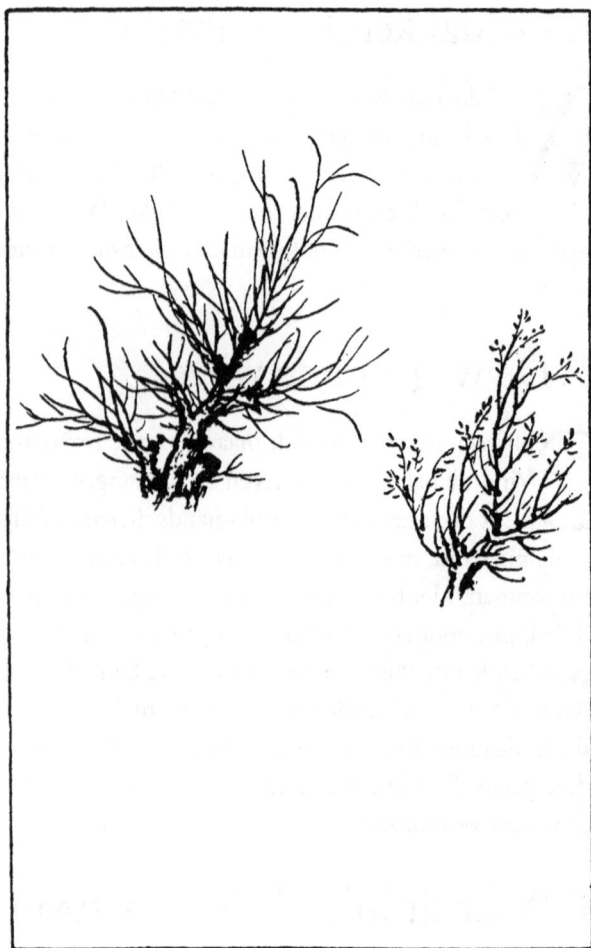

54. Een nieuw geheel

Het is een goede zaak dat de halfheid van de man en de halfheid van de vrouw elkaar aanvullen met de halfheid van de ander. Zo worden helften verenigd en wat incompleet is, wordt compleet. Door het opgaan in elkaar ontstaat er een nieuw geheel.

55. Zodat ze allebei meer worden

Wat is groter dan de vereniging van de tegenstellingen man en vrouw? De vrouw vult de man aan en de man de vrouw. Beiden verdwijnen zodat ze allebei meer worden dan man en vrouw apart. Het binnenste en het buitenste verdwijnen, het zelf en het niet-zelf lossen op. Twee worden een en blijven ondertussen toch twee.

56. Ga de tussenruimte binnen

Vertrouw op hetgeen er tussen man en vrouw bestaat. Dit vertrouwen is echter geen afgedwongen vertrouwen. Als het afgedwongen wordt, is het er niet meer. Ga de tussenruimte tussen man en vrouw binnen zonder speciale wensen, verlangens of gedachten. Ben je eenmaal binnen, open jezelf dan voorzichtig en laat je meevoeren door de oerdrang.

57. Wanneer de tao er is

Wanneer de waterdruppel vrijkomt en de grote rivier gaat stromen, is er de tao. Wanneer de knoppen in de lente ontluiken en het herfstblad valt, is er de tao.

Wanneer de tao er is tussen man en vrouw, is hun relatie als de ochtendzon die uit zichzelf opkomt.

58. Slechts in stilte lachen

Binnen, vanuit de stille plaats bekeken, lijkt het zoeken van man en vrouw naar elkaar zeer dwaas. Hoe kun je zoiets serieus nemen? Het kijken, het gefluister, het gevraag, het aandringen, het jezelf verkopen aan een ander...

Toch is er sprake van enorme opluchting als twee mensen elkaar duidelijk begrijpen en niet langer hoeven te zoeken.

Vanuit de stille plaats en vanaf het sterfbed kan men slechts in stilte lachen. Een uiterst serieus streven eindigt in dwaasheid; een grote dwaasheid eindigt in iets heel serieus.

59. De oerdrift wordt getemd

In elke man bevinden zich alle mannen; in elke vrouw bevinden zich alle vrouwen. Als een man zich voor zichzelf openstelt en ontdekt dat hij als alle mannen is, komt hij dichter bij zijn oorsprong. Als een vrouw zich voor zichzelf openstelt en ontdekt dat zij als alle vrouwen is, komt zij dichter bij haar oorsprong.

Stel je als afzonderlijke man open om als alle mannen te worden; stel je als afzonderlijke vrouw open om als alle vrouwen te worden. Word ongewoon. Onder het ongewone bevindt zich het gewone op een dieper niveau.

Wanneer een man die als alle mannen is een vrouw ontmoet die als alle vrouwen is, ontwaakt de oerdrift. Wanneer de man de vrouw kent als een vrouw die als alle vrouwen is, terwijl de vrouw de man kent als een man die als alle mannen is, wordt de oerdrift getemd.

60. De oerduisternis

De vrouw is de bezitter van de geheime duisternis en de geheime leegte. Zij is de verlokkende jager, die naar het licht en de volheid van de man jaagt, opdat hij haar leegte zal vullen en haar geheim zal ontsluieren.

In haar oerduisternis bevindt zich de diepe oorsprong en de geheime wijsheid waar de man naar zoekt. Zij ontvangt hem en draagt zijn wijsheid.

In de vrouw vindt de man wat de strijd van zijn denken te boven gaat.

61. De dood van de man in de vrouw

De vrouw is de vrijgevige, gastvrije vallei tussen zachte bergen waar de man graag heen gaat om zich te laten overwinnen vanuit de hardheid van de wereld.

Zij staat gelijk aan een warme belofte en heeft de rondheid van de aardbol en de volle maan; haar schoonheid doet zelfs de wijsheid van de hemel sprakeloos staan.

Zij is het oerbegin waaruit de man voortkomt. Zijn geboorte en leven doen hem van dit oerbegin verwijderd raken, maar zijn begeerte en de dood lokken hem ernaar terug.

De dood van een man in een vrouw is zijn tweede geboorte.

In de vrouw vindt hij het kleine en grote ritme van bloed en generaties bevestigd, waar hij steeds naar terugkeert om troost en bevrijding te vinden.

62. Het ongelijke is even belangrijk als het gelijke

Geen vrouw is slechts vrouw, geen man is slechts man. Zonder de vrouw in de man en de man in de vrouw, zou er geen begrip tussen man en vrouw bestaan. Toch is het juist het niet-mannelijke in de vrouw dat haar voor de man zo geheimzinnig en aantrekkelijk maakt. En het is het niet-vrouwelijke in de man dat hem voor de vrouw zo geheimzinnig en aantrekkelijk maakt. Het ongelijke is even belangrijk als het gelijke.

63. Een moeilijk raadsel

Het is gevaarlijk voor man en vrouw om samen in het Grote Ademen te zijn, aangezien ze de kracht van het mannelijke en het vrouwelijke bezitten.

Terwijl ze zich aan het centrum vasthouden, moeten ze zich met hun adem meebewegen en zich aan hun krachten overgeven. Anders breken ze en verliezen ze hun saamhorigheid, ja mogelijk zelfs hun eigenheid. Onder het vasthouden moeten ze zich laten gaan; onder het laten gaan moeten ze zich vasthouden. Als ze samen zijn, moeten ze toch apart zijn; als ze apart zijn, moeten ze toch samen zijn.

Wat betekent tweeheid en eenheid, het niet-ik en het ik, verliezen en behouden, meer en minder, sterk en kwetsbaar, voltooien en beginnen? Wat voor moeilijk raadsel is dit wel niet?

64. Elkaars andere lichaam

Wat voor de ogen uit de verte mooi lijkt, hoeft nog niet door de andere zintuigen mooi gevonden te worden. De andere zintuigen moeten bevestigen wat de ogen toelacht.

Wanneer lichamen bij elkaar horen, worden alle zintuigen van het ene lichaam door het andere lichaam aangetrokken. Nieuw en toch bekend, apart maar toch deel van elkaar, twee verschillende lichamen en toch een eenheid.

Als een man en een vrouw thuiskomen in hun eigen andere lichaam is er de tao.

65. De tao is als het niets

Zoals woorden alleen te begrijpen zijn vanuit de context waarin ze gesproken worden, zo kan het denken alleen begrepen worden vanuit de context waarin gedacht wordt. Alles heeft iets anders nodig om begrepen te worden. Waarop wordt hier gedoeld?

De man begrijpt de man door de vrouw; de vrouw begrijpt de vrouw door de man. Om de relatie man/vrouw te begrijpen is iets anders nodig. Voor iets anders is iets meer nodig. Voor iets meer is alles nodig. Om alles te kunnen begrijpen, moet je niets begrijpen.

De tao is als het niets, een onuitgesproken woord, een niet-gedachte gedachte. Vanwege het bestaan van woorden denken we dat de tao in onze woorden zit, maar de tao is geen woord, is geen gedachte.

66. Zonder woorden

De taal heeft de man van de vrouw gescheiden, het ene ding van het andere, het dit van het dat. Slechts de wijzen weten nog hoe ze deze scheiding weer kunnen opheffen.

Zonder woorden, zelfs zonder elkaar te begrijpen, vinden minnaars elkaar.

67. Grote harmonie

Op de gehele grote en complexe aarde waar alles met elkaar samenhangt, is er slechts ruimte voor grote harmonie. De zon schijnt. De regen valt. De bergen ontstaan uit de dalen. De rivieren stromen naar zee. De aarde ademt zijn ritmen en verder is er het begin dat geboorte genoemd wordt en de dood.

Harmonie is overal te vinden en is zoiets gewoons... dat zij meestal over het hoofd wordt gezien.

Bij echte harmonie heeft elk detail zijn eigen plaats. Daarom let de wijze op het bijzondere, maar laat hij zich door het algemene leiden. Rampen hoeven niet veroordeeld en wonderen niet bejubeld te worden. Zelfs man en vrouw... zijn niet meer dan buitengewoon gewoon.

68. Zeker in stilte

Er zijn onzekere ogen die naar anderen kijken om de kennis te vinden van zaken die ze zelf moeten kunnen zien.

Er bestaan dingen die wij alleen zelf kunnen weten. Wij zien allemaal geheimen en we moeten zelf in de ziel van de ander kijken.

Wanneer een man en een vrouw in stilte zeker van elkaar zijn, zal de band van hun ontdekking door anderen opgemerkt worden. Als die anderen daarna weer hun eigen gang gaan, zullen ze rekening houden met wat ze te weten zijn gekomen.

69. Opgeven

Handel als man en vrouw samen, terwijl je elkaar in evenwicht houdt.

Om het evenwicht te vinden, moet de man het mannelijke opgeven om de vrouw te vinden en de vrouw het vrouwelijke opgeven om de man te vinden. Geef jezelf op om de ander te vinden, geef de ander op om jezelf te vinden.

Verwerf vervolgens zicht op het gezamenlijke, door het afzonderlijke vast te houden en het gezamenlijke los te laten. Verwerf zicht op het afzonderlijke, door het gezamenlijke vast te houden en het afzonderlijke los te laten.

70. Als een man alleen op licht uit was

Als een man alleen maar op licht uit was, zou hij zijn ogen niet dichtdoen, niet met een vrouw slapen en de duistere poort van haar schede niet binnengaan. Wie alleen maar op eenvoudig begrijpen uit is, flirt niet met de duisternis en de vrouw.

Zoals er in licht grote verblinding is, zo is er veel licht in het donker. Al het zien begint in het donker. Het vochtige donker van de vrouwelijke schede is een bron van licht, de oerplaats waaruit het begin is ontstaan en waar het eind naar terugkeert.

Wie slechts op licht uit is, zal geen begrip hebben van begin en einde, komen en gaan, de grote getijden van al het bestaande.

Als een man met een vrouw slaapt, gaat hij een bijzondere vorm van duisternis binnen.

71. Vanuit tevredenheid met het gewone

H oge bergen bevinden zich niet overal op aarde; watervallen zijn niet de gehele rivier. Het meeste buitengewone is heel gewoon.

Man en vrouw groeien samen door de ritmen van iedere dag: de dagelijkse werkzaamheden, de aangename stilte samen, het ontstaan en vervuld worden van verlangens.

Vanuit een tevredenheid met het gewone ontstaat het gevoel van saamhorigheid, door samen het alledaagse leven te delen.

72. De problemen van jonge minnaars

W at zou de oude wijze zeggen als hij zich onder de koele naaldbomen bevond waar de lucht ijl en bijtend is? Is de oude man die zich naar de top van de berg begeeft vrij van het dilemma waarmee minnaars te kampen hebben?

Wat zou hij doen als iedere gedachte in zijn hoofd 'Nee!' zou zeggen, terwijl iedere spier in zijn lichaam 'Ja!' zou zeggen?

Als het bloed ouder wordt, komt er meer ruimte om nee te zeggen tegen dingen, ten opzichte waarvan eerder geen zin of behoefte was om ze te weigeren. Misschien wordt de wijze gewoon wijs door oud te worden.

Hoe kunnen wijze oude mannen de problemen van jonge minnaars oplossen?

Apart, maar toch samen

離
合

73. Het ontstaat vanzelf

As er van iets slechts één exemplaar nodig was, zouden er geen paren bestaan. Toch ontstaan wij allen uit de paring van twee mensen.

In de relatie tussen man en vrouw is meer dan alleen man en vrouw, iets wat vanzelf ontstaat, wat zichzelf zoekt en uit zichzelf groeit.

Het is zo eenvoudig dat het niet verdiend kan worden en zo dichtbij dat het zelden opgemerkt wordt.

74. Als begin en einde duidelijk zijn

As je naar de ander zoekt om twee te krijgen, denk dan aan het enkelvoudige: we worden alleen geboren en sterven ook alleen.

Als nu het begin en het einde duidelijk zijn, komt het erop aan het evenwicht te vinden. Vanuit het juiste evenwicht ontstaan geduld en harmonie.

75. Aangename stilte

Wanneer woorden de stilte verbergen, luister dan naar de stilte en niet naar de woorden.

Aangename woorden zijn de stilte van kameraadschap.

Aangename stilte is goed voor het gevoel van saamhorigheid.

76. Leeg en toch vol

Ontmoeten is het begin van scheiden; scheiden is het begin van ontmoeten. Waar bestaat slechts vertrekken zonder ergens te arriveren? Scheid het begin van het einde, het ene ding van het andere, de ene mens van de ander.

Het een komt uit het ander voort. Onthoud en vergeet daarom tegelijkertijd.

Alles wat er gebeurt, heeft iets verrassends en onverwachts. Het onvoorziene wordt voorzien en verwacht.

Of je nu samen of alleen bent, handel zowel vanuit de volheid als vanuit de leegte, vanuit het weten en het niet-weten. Evenwicht en harmonie zijn dan het resultaat.

77. Je verbergen

Als je je eigen persoonlijkheid voor die van een ander verborgen houdt, staat dat een echte ontmoeting in de weg.

Het is al moeilijk genoeg voor twee naakte lichamen om zich helemaal aan elkaar te geven.

Als twee mensen net doen alsof, kunnen ze elkaar niet echt ontmoeten. Dan heeft hun samenzijn iets eenzaams en als ze weer alleen zijn ontbreekt het gevoel bij elkaar te horen.

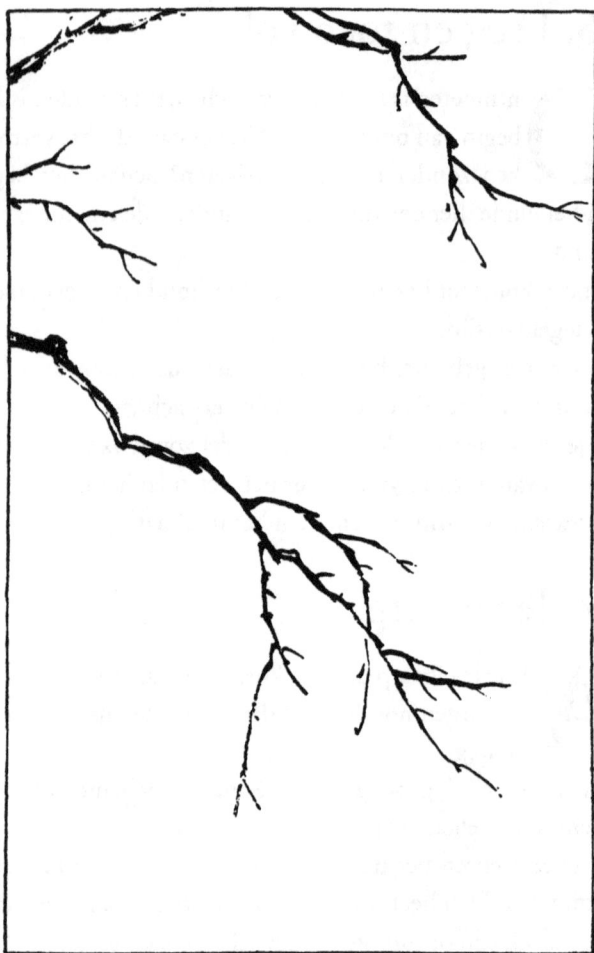

78. In de stilte van het juiste moment

Het gevoel van gescheidenheid verdwijnt zoals de bladeren van de esdoorn in de herfst afvallen.

Het heeft geen zin aan de boom te gaan schudden zolang het blad nog groen is.

Zelfs in de stilte van het juiste moment worden de takken slechts langzaam kaal en met elkaar zichtbaar.

79. Scheid in eenheid

We zijn vergeten dat het kijken uit het zien is voortgekomen en het luisteren uit het horen. Zo is scheiding uit samenzijn voortgekomen.

Als je wilt dat je kijken weer zien wordt en je luisteren weer horen wordt, moet je je kijken net zolang met kijken vullen en je luisteren net zolang met luisteren, totdat het kijken en het luisteren weer volledig worden en als vanzelf gaan.

Kijk dan vervolgens naar je kijken en luister naar je luisteren. Maak ogen en oren leeg van gedachten. Kijk zonder te kijken en je zult zien; luister zonder te luisteren en je zult horen.

Scheid in eenheid en er is saamhorigheid.

80. Het grootste saamhorigheidsgevoel

De tao blijft een mysterie voor de exacte geest, aangezien hij verdwijnt als je eraan denkt en verschijnt als je hem vergeet.

Het saamhorigheidsgevoel tussen man en vrouw is op zijn grootst waar ze het zich niet bewust zijn. Zoals schoenen die je niet voelt het lopen vergemakkelijken en een jas waarvan je niet merkt dat je hem aanhebt de kou weert, zo dragen man en vrouw elkaar zonder het te beseffen.

81. Het een komt uit het ander voort

De wijzen zeggen dat het ene ding uit het andere voortkomt. De vrouw komt uit de man voort en de man uit de vrouw.

Het buitenste begint altijd in het binnenste. De man vindt de vrouw door eerst zichzelf te vinden en de vrouw vindt de man door eerst zichzelf te vinden. Begin met jezelf, om de *ander* te vinden.

Saamhorigheid ontstaat uit eigenheid. Om saamhorigheid te vinden, moet je met eigenheid beginnen. Op die manier is er ruimte voor zowel saamhorigheid als eigenheid.

82. Zowel krom als rond

Saamhorigheid en eigenheid bij elkaar; eigenheid en saamhorigheid apart. Hoe kunnen twee een worden en toch twee blijven? Waar is de eigenheid in de saamhorigheid en waar is de saamhorigheid in de eigenheid?

Verbind waar je los van elkaar bent en maak los waar je aan elkaar vastzit. Maak gebruik van de dualiteit, terwijl je je eigenheid bewaart. Maak gebruik van de eigenheid, terwijl je je dualiteit bewaart.

De vragen van het verstand zijn slechts een woordenspel. De verwarring ontstaat altijd daar waar het individuele verstand alles op een rijtje probeert te krijgen. De tao is zowel krom als rond en ontsnapt in vele opzichten aan dit soort gedachte-spelletjes.

Het heeft geen zin om vragen te stellen, vraag daarom niets. Het heeft geen zin om antwoorden te geven, antwoord daarom niets. Speel zonder te vragen en zonder te antwoorden.

83. De juiste instelling

Eén geest is niet genoeg om geheel te begrijpen wat saamhorigheid eigenlijk wil zeggen. Twee geesten samen zullen niet geheel begrijpen wat eigenheid eigenlijk wil zeggen.

Hiervoor zijn, naast de ene geest, de twee geesten en nog vele andere geesten nodig. Alle begrijpen vereist de juiste instelling.

Waar is de volledige geest en waar is de geen-geest?

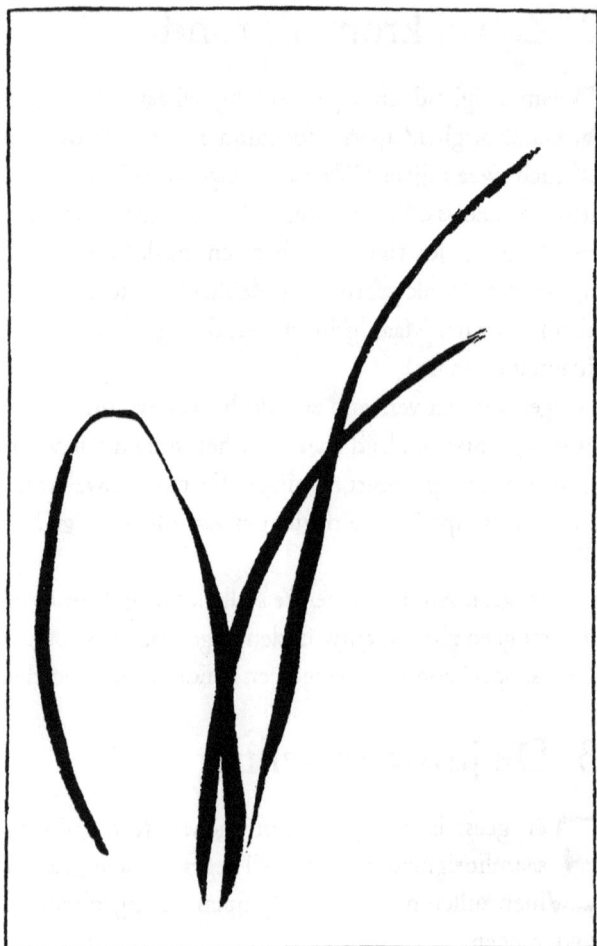

84. In elk paar

Wanneer man en vrouw apart zijn en toch verbonden, zijn ze uniek in hun verbondenheid, maar gewoon in hun gelijkheid aan anderen.

In elk paar worden de twee tot een; in elk paar wordt iedereen tot een. Wat elk paar apart met elkaar verbindt, verbindt alle paren en daarmee allen. In elk paar wordt alles begrijpelijk.

Voor elk paar geldt dat... alles wordt gevonden. Door elk paar... wordt de tao gevonden.

Omhels elkaar en je omarmt alles. Hoe zou je anders met de tao contact kunnen maken?

85. De derde geest

In de eigenheid van twee geesten is er een derde geest die weet wat saamhorigheid is.

Geen van beide geesten kan verklaren wat de derde geest is, maar beide horen hem als ze luisteren naar hun saamhorigheid. Het is iets in het inwendige wat het uitwendige begrijpt, iets in het uitwendige wat het inwendige begrijpt. Het heeft te maken met de manier waarop het inwendige het uitwendige ontmoet, hoe de een de *ander* ontmoet, hoe wat apart is een eenheid wordt.

De derde geest laat zich niet pakken, maar laat zich ook niet weerstaan. Door jezelf te verliezen, waardoor je wint, verschijnt hij op zijn tijd als vanzelf.

86. Zaad en grond

Man en vrouw komen uit elkaar voort, namelijk uit zijn zaad en uit haar grond.

Waar aandrang, sterkte en verandering is, zaai daar je seksuele zaad en wees een kinderen verwekkende vader. Waar geduld, zorg dragen en vrede is, voed daar elkaar en wees een koesterende moeder.

Uit zijn zaad en haar grond komt iets veelbelovends op.

87. Vinden

Als degenen die alleen en apart staan elkaar zo nodig hebben en zo'n behoefte hebben aan samenzijn, waarom is het dan zo moeilijk voor degenen die daaraan zo'n behoefte hebben om elkaar te vinden?

Kunnen we er uit velen slechts een paar uitkiezen, of kunnen we er uit enkelen slechts één uitkiezen? Zoeken we naar onszelf buiten onszelf? Naar wie zoeken we? De ene vraag roept de andere op. Het denken verwart het zoeken.

Zoeken lijkt moeilijk. Vinden lijkt gemakkelijk.

Zoals het zoeken een kijken teweegbrengt dat het zien in de weg staat, zo brengt de behoefte een zoeken teweeg dat het vinden in de weg staat.

Vinden is de opening van de herkenning.

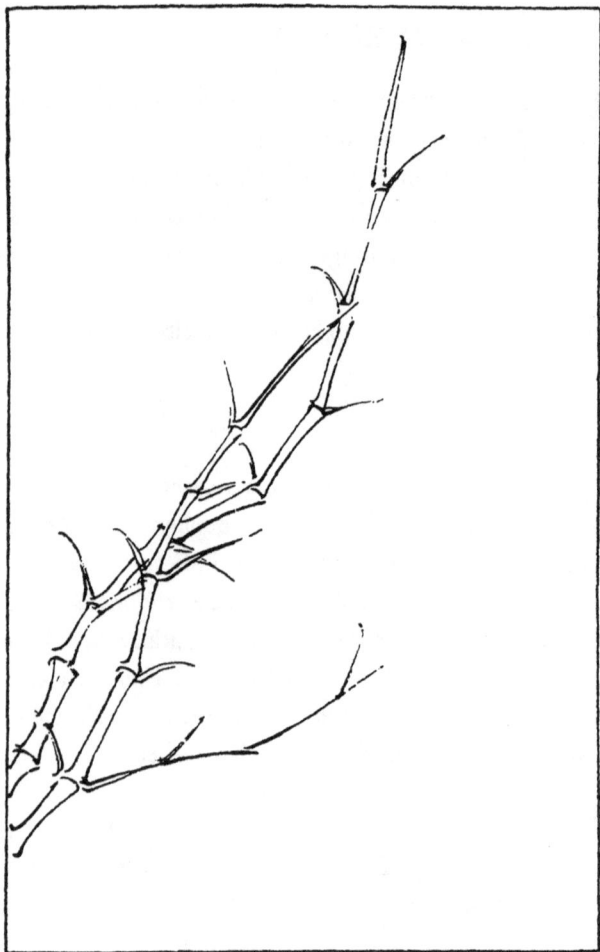

88. Het geheim zit hem in het vanzelfsprekende

Het gewone is juist het buitengewone. Hoe gewoon is het dat man en vrouw elkaar uitzoeken en elkaar als partner uitkiezen! Hoe gewoon is het dat, als je jezelf kent, je daardoor de ander ook leert kennen! Hoe gewoon is het dat, naarmate je elkaar beter kent, de relatie des te wonderlijker wordt; dat het mysterie groter wordt naarmate je het beter begrijpt en dat je door te verliezen steeds meer wint! Hoe gewoon is het dat man en vrouw, die door hun samenzijn zeker en tegelijk onzeker gemaakt worden, afgebroken en opnieuw geschapen worden, zoek raken en opnieuw gevonden worden!

Om het gewone te kunnen begrijpen, heb je aan het verstand niets. Dat leidt alleen maar tot een verwarrende patstelling tussen de tegenstellingen keuze en dwang, doen en nietdoen, waarom en waarom-niet.

Het geheim zit hem in het vanzelfsprekende. Het gewone is het buitengewone dat in het gewone verborgen zit. De buitengewone tao is nu juist de gewone tao.

89. De op één been staande geest

Waarom ademen eigenheid en saamhorigheid elkaar in en uit? Waarom dansen man en vrouw voor iets wat meer is dan zijzelf zijn?

De geest probeert het te ontdekken, maar de niet-ademende, op één been staande geest ontgaat iets wezenlijks.

90. Het geheimzinnige van de geheimzinnige ontmoeting

Sommige delen van ons lichaam laten wij openlijk en trots zien; andere bekleden we met smaak en weer andere laten we pas zien in een speciale relatie tot het andere geslacht. In die relatie raken twee lichamen elkaar aan in gemeenschappelijk contact, waarbij ze zich openen om elkaar volledig te kennen. Wanneer man en vrouw elkaar eenmaal kennen en niet meer door bescheidenheid, fatsoen of dwang gebonden worden en alles wat ontbloot kan worden ook ontbloot wordt en er niets meer verborgen hoeft te worden, blijft er toch nog iets verborgens, blijft er toch nog een geheim over. Wat lijkt net buiten het bereik van strelen en kennen te liggen, dat dat strelen en kennen zo bekoorlijk maakt en het denken van het lichaam en de geest zo verlevendigt, waardoor de geheimzinnige ontmoeting van iedere man en vrouw zo geheimzinnig wordt?

91. Vertrouw op datgene wat geen moeite kost

Breng tijd met elkaar door, maar bezit elkaar niet. Wie bezitten wil, verliest. De saamhorigheid ontstaat vanzelf. Let in het dagelijkse op het kleine en je zult zien dat de grote problemen overwonnen worden. Ruim moeilijkheden uit de weg nog voor ze zich voordoen. Leer omgaan met het gewone en het buitengewone zal je gemakkelijk vallen. Vertrouw op het eenvoudige en je zult het in het ingewikkelde terugvinden. Verwacht dat het moeilijk zal zijn en je zult zien dat het gemakkelijk is. Let goed op, maar vertrouw op datgene wat geen moeite kost.

92. Om aan allebei deel te krijgen

Vanuit het samenzijn ontstaat de herinnering aan het eigene, waardoor het samenzijn vertroebeld wordt. Vanuit het eigene ontstaat de herinnering aan het samenzijn, waardoor het eigene vertroebeld wordt.

Tot het gemeenschappelijke hoort ook het individuele. Tot het individuele hoort het gemeenschappelijke. Beide hebben deel aan elkaar.

Om aan allebei deel te krijgen, moet je eerst deel aan het ene krijgen en daarna aan het andere en ten slotte aan allebei tegelijk.

Maar, zoals er zoiets als allebei bestaat dat aan het individu ontsnapt, zo is er zoiets als geen van beide dat aan allebei ontsnapt.

93. Allebei verliezen om allebei terug te vinden

Waar tijdens de saamhorigheid de eigenheid wordt herinnerd, daar verdwijnt het gevoel van saamhorigheid. Waar tijdens de scheiding het samenzijn wordt herinnerd, daar verdwijnt het gevoel van gescheiden zijn.

Vanwege de verdeelfunctie van ons geheugen voelen we ons verbonden als we ons niet gescheiden voelen en voelen we ons gescheiden als we ons niet verbonden voelen.

Grijp ze allebei, om ze daarna allebei te verliezen en weer terug te vinden. Grijp alles om alles los te laten. Dan wordt plotseling... alles heel eenvoudig.

94. En vindt haar eigen weg

De regendruppel boort zich door de steen, de wolk splijt de berg.
In het dal stroomt de beek vrij en vindt haar eigen weg.

95. Even gemakkelijk als je laten vinden

Als man en vrouw samen proberen te zijn en om harmonie en eenheid vechten, vergt hun samenzijn een enorme inspanning. Als hun echter een gevoel van saamhorigheid in de schoot geworpen wordt, gaan overal waar ze heen gaan de deuren open, lijkt alles als vanzelf te gaan en voelen ze zich zeer met elkaar verbonden.

Omdat we individuen zijn, streven we naar saamhorigheid. Omdat we ook niet-zelf zijn, maakt de saamhorigheid zich van ons meester.

Heb daarom vertrouwen en neem risico's, durf te openen en te bouwen en neem volledig bezit van zowel het eigene als het gezamenlijke.

Streef ernaar, maar ontspan je tegelijk. Leeg je en vul je met de onmogelijkheid van de saamhorigheid. Het is even moeilijk en even gemakkelijk als je laten vinden.

96. De diepe ontmoeting

Door elkaar aangeraakt worden, wil zeggen dat je elkaars binnenste aanraakt door elkaars buitenste aan te raken.

Doordat het buitenste het buitenste vindt, vindt het binnenste het binnenste.

Degene die buiten is, wordt door de ander die buiten is mee naar binnen genomen, waardoor twee binnensten elkaar ontmoeten.

Waar het binnenste contact heeft gekregen met het binnenste, is het moeilijk het binnenste van het buitenste te scheiden.

Bestaat er echt zoiets als binnenste en buitenste? Woorden bemoeilijken de eenvoud van de diepe ontmoeting.

97. Ruim voldoende

In plaats van overal te zoeken, moet je dieper binnenin zoeken en binnen in je gevoel van bij elkaar horen.

Als het begin er is, is het geheimzinnige in elke man en vrouw ruim voldoende.

98. Vanzelf

De saamhorigheid ontstond nog voor het begin. En zij komt van dieper dan het binnenste. Zij brengt het binnenste en het buitenste in harmonie met elkaar. Zij lost het verschil tussen man en vrouw op.
Vertrouw op de tao, die saamhorigheid is. Te midden van het gewone en het ongewone vallen iedere dag meer obstakels weg, totdat alles vanzelf goed gaat.

99. Met een wijdopen geest

Om zowel het individuele als het gezamenlijke te kunnen beleven, moet je je verstand in tweeën delen en je gedachten alle kanten op laten gaan, ze gewoon laten verdwijnen, totdat ze in het niets zijn opgelost.
Als je je zenuwen verliest en je gedachten krampachtig vasthoudt, gaat het niet goed.
Laat elkaar los, laat los wat je allebei hebt en wat je geen van beiden hebt en doe het vlug met een wijdopen geest, terwijl je gedachten in de leegte verdwijnen. Laat elkaar en alles los, het is en het is-niet, wat jullie zijn en wat jullie niet zijn.
Word zonder gedachten... gevonden door de tao.
Wees zonder gescheiden te zijn... gescheiden. Wees zonder bij elkaar te zijn... met elkaar verbonden.

100. Te midden van gedachten

Je hebt de woorden 'gescheiden' en 'verbonden', maar wat is de betekenis van het vormen van gedachten als de keuzen van het denken gebonden zijn aan woorden? Welk denkproces vertrouwt nu op de vorm van woorden om zijn gedachten te vormen?

Het ene woord volgt gedachteloos op het andere en de ene gedachte volgt de andere gedachte uitgedrukt door woorden. Welke gedachte vertrouwt nu op een gedachte die ontstaan is op basis van woordvormen?

Vind gedachten die niet gebonden zijn door de vorm van woorden. Te midden van gedachten die aan woorden gebonden zijn, bestaan er gedachten zonder grenzen die vrij zijn van woorden.

Dus niet de woorden 'gescheiden' en 'verbonden', maar gewoon iets wat helemaal buiten de sfeer van het woord valt.

Hardheid / zachtheid

剛
柔

101. Tussen geboorte en dood

Bij de geboorte is het eerste wat er met het nieuwe lichaampje gebeurt dat het aan anderen wordt toevertrouwd. Bij het sterven is het laatste wat er met het oude lichaam gebeurt dat het aan anderen wordt toevertrouwd.

Daarom past het in de periode tussen geboorte en dood zeer nederig te zijn.

102. Winnen en verliezen

Vermijd harde confrontaties. Een zachte stem klinkt nog lang na nadat de schreeuw al verstomd is. Vriendelijkheid vermag meer dan boosheid.

Winnen is een soort verliezen en verliezen een soort winnen. Als er zowel gewonnen als verloren moet worden, beschouw beide dan als even belangrijk.

103. Ze worden namelijk zacht

Hard en hard komen niet bij elkaar, want ze zijn niet buigzaam. Daarom komen man en vrouw juist wel bij elkaar: ze worden namelijk zacht.

Dat zacht worden is noodzakelijk om de juiste harmonie te verkrijgen. Door de zachtheid die ze vinden, ontstaat hun saamhorigheid en door de hardheid die ze behouden, blijven ze aparte individuen.

104. De diepe stilte

We groeien vanuit een diepe stilte en worden door een voortdurende rustbron gevoed.

Hard, schokkend geschreeuw is slechts lawaai, waar niet naar geluisterd wordt. Zachte woorden dringen echter diep naar binnen en worden tot dagelijks voedsel. Ze voeden als kleurloos, helder water en zijn als stille beken, boezemkameraden en grote leraren. Spreek rustig en luister naar de diepe stilte in elkaar.

105. De wijsheid van alles

De hardheid van de man wordt omringd door de zachtheid van de vrouw en de zachtheid van de vrouw wordt gevuld door de hardheid van de man. Hier ontmoet het universum zichzelf.

Binnen de hardheid bevindt zich de wijsheid die weet wat zachtheid is. Als de man zacht genoeg is, kan hij in zijn hardheid de vrouw ontmoeten en haar zachtheid begrijpen. Binnen de zachtheid bevindt zich de wijsheid die weet wat hardheid is. Als de vrouw hard genoeg is, kan zij in haar zachtheid de man ontmoeten en zijn hardheid begrijpen.

Zachtheid in hardheid en hardheid in zachtheid is de wijsheid van alles. Daardoor begrijpt het binnenste het buitenste, komt het hier in contact met het daar, begrijpt de een de ander en weet het een het ander.

106. Zacht worden

Door zacht te worden, kan wat vanbinnen vol is naar buiten stromen en wat vanbuiten vol is naar binnen stromen.

107. Gebruikt worden

Men zegt dat hardheid remmend werkt en zachtheid ontplooiend. Toch bestaat er zoiets als te hard en te zacht, te veel en te weinig. Er bestaat een remmend werkende zachtheid en een wekelijke hardheid. Wat is dan de juiste balans waardoor man en vrouw tot de juiste relatie kunnen komen?

Vissen kunnen niet in een bevroren beek of in ochtendnevel zwemmen. Wortels breken niet door harde stenen en schieten niet in stuifzand op. Toch kunnen vogels in de lichtste lucht nog vliegen en op de hardste bodem nog rustig zitten.

Vraag als man en vrouw niet hoe je je hardheid en zachtheid moet gebruiken, maar hoe je er zelf samen in nederigheid door gebruikt kunt worden! Behoud daarom je hardheid, maar wees zachtheid. Behoud je zachtheid, maar wees hardheid.

Wees vis en stromende beek, wortel en verwachtende aarde; wees vogel, lucht en zelfs steen.

108. Tussen hard en zacht

De band tussen man en vrouw wordt gekenmerkt door een zachtheid die hard is en een hardheid die zacht is. Buigzaam als hij is, buigt hij man en vrouw naar elkaar toe. Door dit naar elkaar toe buigen houdt hij man en vrouw stevig met elkaar verbonden.

Precies tussen hard en zacht in, waar man en vrouw tegelijk toegeeflijk en taai zijn, is een stille levenskracht werkzaam, waarbij gebogen en tegelijk niet gebogen wordt.

109. De zachtheid van het begin

In de vrouw vindt de man zachtheid en schoot en de warme wereldzee van het begin, de bron die hij zelf door geboorte en hard worden overwonnen had.

Door in de vrouwelijke oceaan te verzinken, keert de man terug naar de zachtheid van het begin, voordat hij zijn eigen hardheid bezat waartegen hij moest vechten.

Om die reden overwint de vrouwelijke zachtheid de mannelijke hardheid en streeft de mannelijke hardheid naar de overwinnende zachtheid van de vrouw.

110. De wereldzee van de baarmoeder

De vrouw die evenals de man door haar geboorte en het harde leven overwonnen wordt, draagt in zich de herinnering aan en de belofte van zachtheid. Door haar geboorte in de harde wereld groeit in haar lichaam de wereldzee van de zachte, ontluikende baarmoeder. Ze kan haar zachtheid niet vergeten, omdat haar lichaam die niet vergeet.

111. Als elkaars verschillende gelijke

De zachtheid van de vrouw laat zich niet overwinnen, ook als er hardheid aan wordt toegevoegd. De hardheid van de man kan wel door zachtheid getemperd worden, maar niet gebroken.

Sterk de vrouw met hardheid en beweeglijkheid opdat zij begrip mag vinden in het water en in de man; sterk de man met zachtheid en leer hem geduld, opdat hij begrip mag vinden in de aarde en in de vrouw.

Waar balans is, ontmoeten man en vrouw elkaar als elkaars verschillende gelijke. Hij zal voor haar de kracht van het wachtende water zijn en zij zal voor hem de kracht van de bewegende aarde zijn.

112. Door zijn hardheid

De man moet weten dat zijn hardheid de zachtheid en leegte van de vrouw overwint.
Met behulp van haar zachtheid en leegte zoekt de vrouw naar de sterkte en hardheid van de man, om zich ermee te vullen, zich te sterken en zich eraan te onderwerpen.
De man komt tot zachtheid dankzij haar zachtheid; de vrouw komt tot kracht door zijn hardheid.

113. Door haar zachtheid

De vrouw moet weten dat haar zachtheid de sterkte en hardheid van de man overwint.
Met behulp van zijn sterkte en hardheid zoekt de man naar de zachtheid en leegte van de vrouw om zijn zaad erin te lozen, zacht te worden en zich eraan te onderwerpen.
De vrouw komt tot kracht door zijn hardheid; de man komt tot zachtheid door haar zachtheid.

114. Hardheid is de last

Hardheid is de last die iedere man en vrouw met behulp van zachtheid in balans moet weten te brengen.

Zelfs kracht heeft de wijsheid nodig om te kunnen buigen.

Hardheid leidt tot tegenstellingen. Hardheid maakt buigen noodzakelijk, buigen veronderstelt kracht, kracht veronderstelt harmonie.

Zonder zachtheid is hardheid een bron van moeilijkheden; zonder hardheid is zachtheid een bron van problemen.

115. Door je te legen

Legen is geen ramp. Het kopje dat geleegd wordt om met iets anders gevuld te worden, is nog steeds hetzelfde kopje: identiek qua vorm en identiteit. Het wordt alleen voor iets anders gebruikt.

Het zich tweevoudig aan elkaar geven van man en vrouw is het verzachtingsproces waardoor legen en vullen mogelijk worden.

Door je te legen, kun je elk met de ander gevuld worden en een twee-eenheid worden.

116. Leiden als van achteren

Neem niet direct de leiding. Het is beter dat man en vrouw elkaar eerst leren volgen.

Vanuit het volgen komt het leiden door het volgen. Het gaat hier om een zachte leiding, een speciaal soort leiden, als van achteren.

Vanuit zachtheid ontstaat nederigheid. Vanuit nederigheid ontstaat vertrouwen. Vanuit vertrouwen ontstaan saamhorigheid en eendracht.

Eén geest kan niet volgen of leiden. Als er geen andere, tegengestelde geest is, is er geen leiden en ook geen volgen.

117. Schep eerbied

Schep eerbied, geen vrees. Vrees is beklemmend en maakt broos, verhardt en belemmert, belast en beperkt. Angst schept hardheid en leidt vervolgens tot scheiding en verbroken relaties.

In vrees is geen plaats voor vertrouwen, openen, stromen en laten gaan, of voor geven en het komen tot eenheid.

Vertrouwen is zacht worden, waardoor er ruimte voor eerbied komt.

118. Zowel hard als zacht

De stenen in de vallei bepalen hoe de beek stroomt. Van de bergrotsen loopt de regen af. Vallende kiezelstenen doen het water verschillende kanten op stromen.

Waarom geeft zachtheid eerst aan hardheid toe, maar geeft hardheid uiteindelijk aan zachtheid toe?

Als je aan het bestaan van alles een naam wilt geven, kun je het het Grote Toestaan noemen, of de Grote Verandering, zelfs de Grote Moeder. Of noem het de tao.

De tao behoeft zowel het harde als het zachte. Daarom moet de man het mannelijke behouden maar tegelijk het vrouwelijke cultiveren, terwijl de vrouw het vrouwelijke moet behouden maar tegelijk het mannelijke moet cultiveren.

119. Weet elke steen te passeren

Laat je door hardheid vasthouden, maar vertrouw op zachtheid. Hardheid is het zich afbakenende eigen ik; zachtheid is de ander die zich opent en ruimte geeft.

Ruzies zijn het gevolg van hardheid, maar worden door zachtheid opgelost.

In een beekje weet het water elke steen te passeren.

120. Geen steen en geen water

Er wordt gezegd dat water zacht is en dat stenen hard zijn. Toch zit er in het zachte water iets hards wat de hardheid van steen verpulvert. Tegelijk zit er in de hardheid van steen iets zachts wat aan de zachtheid van het water toegeeft. Probeer het harde van water en het zachte van steen te vinden.

We houden onszelf voor de gek wanneer we stenen zijn die net doen alsof water hard is, of water zijn dat net doet alsof stenen zacht zijn.

Woorden zijn hier niet toereikend. Wij zijn geen steen en geen water, niet zacht en niet hard, maar gewoon de tao, die iedere vorm aanneemt en zelfs zichzelf niet herkent.

121. Wees zonder bedoeling

Water vraagt zich niet af of het vandaag hierheen en morgen ergens anders heen zal stromen. Het stroomt gewoon.

Water heeft geen speciale bedoeling met zijn donderende watervallen of zijn stille vijvers. In de drang die het water voortbeweegt, zit geen doel.

Het geheim zit hem hierin: word zacht als water, vertrouw op de drang binnenin, leef van moment tot moment en laat je door de feilloze stroom meenemen. Wees zonder bedoeling.

Veranderen / gelijk blijven

変
恒

122. Laat het veranderlijke veranderen

Iets van alles wat bij een rivier verandert, verandert niet. Het water beweegt zich voort, maar toch blijft iets steeds gelijk.

Weet dat alles verandert, maar weet ook dat het veranderlijke het Al is. Vertrouw bij al het veranderlijke op het onveranderlijke.

Om te veranderen, moet je zelf veranderen. Om onveranderlijk te zijn, moet je het veranderlijke laten veranderen.

123. Op zijn tijd

Op zijn tijd wordt regen een beek, een beek een rivier, een rivier een zee.

We stromen allemaal omlaag. Waarom zou het belangrijk zijn of we nu regen, beek, rivier of zee zijn?

Maar als je een beek van een rivier scheidt, of regen van de zee, ontstaan er problemen.

Woorden verdelen en maken wat bij elkaar hoort en steeds verandert, onveranderlijk. Slechts de onveranderlijke geest probeert het te begrijpen.

Vind elkaar... zonder woorden.

124. Zolang ze iets nieuws wordt

Water is niet geworteld in de aarde of verankerd in de lucht. Aangezien het nergens aan vastzit, is het overal.

Wat verandert, blijft. Wat geboren wordt, krijgt vorm. Tijdens het vorm krijgen is het kwetsbaar. Terwijl het kwetsbaar is, is het niet standvastig.

Zolang de band tussen man en vrouw steeds verandert, wordt hij steeds iets nieuws. Zolang hij steeds iets nieuws wordt, is hij vitaal. Als water is hij overal, zichzelf en het universum trouw.

125. De weg omlaag

De stroom van de innerlijke rivier is naar beneden gericht. Hij probeert kracht te vinden door toe te geven, vervulling te vinden door zacht te worden, bij elkaar te horen door harmonie.

Volg de stroom omlaag als die van water, om zelfs tussen de hardste rotsen nog een ontspannen plek te kunnen vinden.

Door deze stromende innerlijke rivier met zijn veranderlijken onveranderlijkheid te volgen, wordt het buitenste tot binnenste.

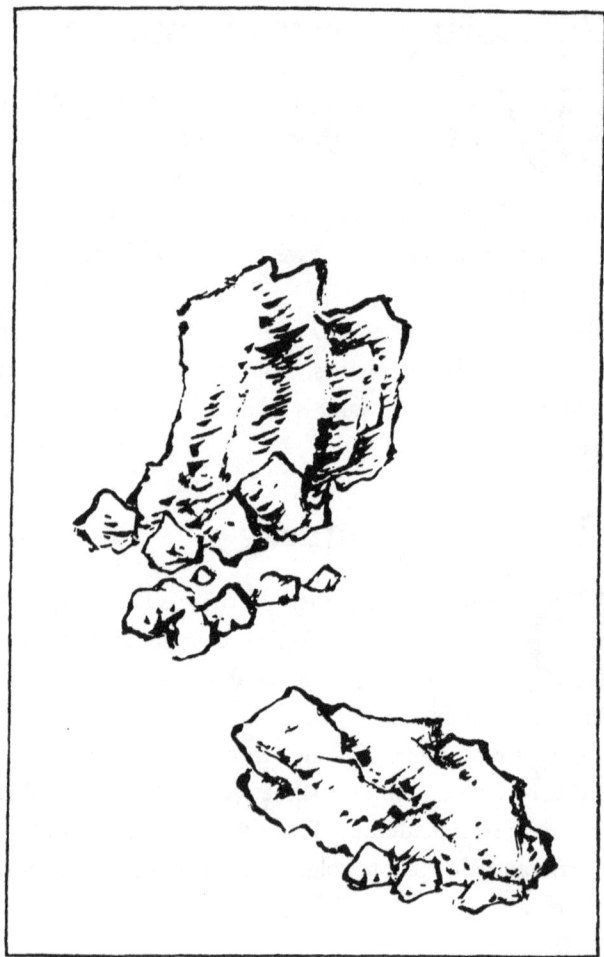

126. Vertrouw op hetgeen terugkomt

Dat wat niet verandert, houdt geen stand. Wat standhoudt, is niet onveranderlijk.

De band die zo groot is als een berg en voor iedereen te bewonderen valt, dreigt als een monument in te zakken. Zon en ijs maken er scheuren in en doen hem uit elkaar klappen. Zelfs zachte regen doet hem oplossen. Wie kan in zijn schaduwen een warm en comfortabel leven leiden?

De band hangt als het ware als een nevel in de lucht, om te stimuleren, aan te raken en te koesteren. Wat blijft langer hangen dan de nevel die, vluchtig en toch hardnekkig, steeds terugkeert en dalen en bergen met zachte hand bevochtigt, zodat ze met levend groen bekleed worden?!

Het is beter het subtiele te cultiveren dan het opvallende. Het is beter te vertrouwen op hetgeen terugkeert dan op hetgeen blijft.

Het scheppen is duurzamer dan het geschapene. Vertrouw op hetgeen het groeiproces bevordert en word gevoed door de oeroude belofte van groei.

127. Elk moment heeft

Elk moment heeft zijn eigen tijd. Probeer het te forceren en je komt te vroeg. Probeer het tegen te houden en je komt te laat. Op het juiste moment laat het zich niet stoppen.

128. Speciale vormen van bewaren

Wolken laten zich niet vasthouden, beken laten zich niet stoppen. Uit de levende wortel schieten nieuwe planten op. Verliezen, toegeven, laten gaan... het zijn allemaal speciale vormen van bewaren.

129. Precies op dit moment

Wat een dwaasheid is het te zeggen, zoals jaloerse minnaars over de vroegere minnaars van hun geliefde zeggen: 'Was die er maar niet geweest!'
Ieder leven is als een groeiend lichaam dat niet zomaar in allerlei stukken kan worden verdeeld, of die stukken nu wel of niet bij elkaar horen. Het is een geheel als zodanig: je hoeft er niets aan toe te voegen of van af te halen. Als je een stukje ervan ontkent, ontken je het geheel. Als je het geheel accepteert, gaat het als geheel optimaal functioneren.
Door je te herinneren, zie je je hele verleden weer voor je, ook al zie je het alleen met je geest.
Elk ogenblik is weer anders en maakt alles wat nu gebeurt tot een geheel. Elk moment wordt onveranderlijk gevuld. Precies op dit moment is er een volheid die zelfs het onveranderlijke van het verleden verandert.

130. Ken als water

Water verandert van vorm, maar behoudt zijn wezen. Een rivier verandert qua water en bedding, maar blijft toch in essentie een rivier.

Vertrouw op het onveranderlijke bij alles wat verandert. Wees water en wees een rivier, die beweegt en toch blijft, verandert en toch niet verandert. Ken en word zacht. Word zacht en verander. Verander en blijf.

Ken als water. Denk als een rivier.

131. Wees ook rivier

Alles verandert in iets anders. Hoe dwaas is het om te vechten tegen dat wat voorbijgaat! Hoe kan zulk vechten vrucht dragen in een wereld die voortdurend verandert?! Leef liever met het veranderingsproces mee. Het is beter de tao en het niet-doen te kennen.

Het niet-doen is als de stromende stilte van een rivier. Wees stil als de rivier, terwijl haar water verandert. Wees als de stilte, terwijl het veranderingsproces zijn eigen gang gaat.

De tao is de rivier en het doen is het water. Wees het water, maar wees ook de rivier, altijd bereid om te veranderen. Zelfs de waterval is dan rustgevend.

132. Laat je veranderen

De oude wijzen hebben geleerd: 'Geef je en wees een geheel. Buig je en overwin. Word leeg en wees vol.' De harden en onbuigzamen worden door de verandering gebroken, de buigzamen en flexibelen laten los en overwinnen.

Als je als man en vrouw vasthoudt aan het onveranderlijke zul je breken. Als je je laat veranderen, meebuigt op het ritme van ontstaan en voorbijgaan breek je niet en heerst er om je heen de stilte van verandering.

133. Door wil zeggen tussenin

Terugkeren veronderstelt weggaan, stoppen veronderstelt gaan en loslaten veronderstelt vasthouden. Aangezien het een uit het ander voortkomt, moet je eerst spreken om stilte te vinden, veranderen om het onveranderlijke te kennen, je legen om vol te worden.

Elk moment bedriegt het verstand het verstand en volgen gedachten elkaar in cirkels op. De weg naar buiten gaat via het binnenste. De weg naar binnen gaat via het buitenste. Door wil zeggen tussenin.

Pak de beide helften van je geest vast en slinger de deuren van je geest wijdopen of goed dicht. Een volle geest is hetzelfde als een lege geest.

134. De puzzel die denken heet

Woorden die op papier staan, zijn niet hetzelfde als de situatie van dit moment. De gedachten van het verstand begrijpen niet alles wat er zoal verandert. Hoe kunnen veranderlijke gedachten begrijpen hetgeen niet verandert?

Welke gedachten van de puzzel die denken heet, zijn veranderlijk en welke zijn onveranderlijk? Worden veranderlijke gedachten onveranderlijk? Veranderen onveranderlijke gedachten? Onthoudt men vergeten, onveranderlijke gedachten zonder dat ze veranderen?

Hoe vinden we elkaar in het doolhof van veranderlijkheid en onveranderlijkheid? Waar proberen veranderlijke gedachten ons te veranderen? Hoe weten onveranderlijke gedachten dat wij veranderen?

Indien de gedachten van de puzzel die denken heet zichzelf niet begrijpen, hoe kunnen wij elkaar dan kennen?

Te midden van veranderen en hetzelfde blijven, beleven we het bij elkaar zijn... zonder woord, zonder gedachte.

Vinden / verliezen

得
失

135. Verlies en vind

Er kan niets gevonden worden zolang men niets verliest. De man die zich verliest in de vrouw... vindt. De vrouw die zich verliest in de man... vindt.

Er kan niets verloren gaan zolang er niets gevonden wordt. De man die zich in de vrouw vindt... verliest. De vrouw die zich in de man vindt... verliest.

Als je vindt, verlies je en als je verliest, vind je. Vind en verlies daarom en verlies en vind.

136. Tussen het een en het ander in

Iets jaagt de man en de vrouw vanuit een oerdrang naar elkaar toe. Hoewel het zich niet laat vinden, is het toch altijd aanwezig. Hoewel het niet verloren kan raken, laat het zich ook nooit vinden.

Het is iets tussen het een en het ander in wat de gescheidenheid verzoent. Iets wat niets is en tegelijk alles. Het is leegte die zichzelf vult, totdat er gevonden wordt. Het is volheid die zichzelf leegt, totdat er kwijtgeraakt wordt.

Geen man zonder vrouw en geen vrouw zonder man. Beiden zijn nodig, ze vinden zich in de ander en verliezen zich in de ander.

137. De kennis wordt dieper

Het elkaar aankijken is elkaar op speciale wijze aanraken. Eerst vermijden de ogen een diep contact via
de ogen.
Aankijken is een speciale manier van aanraken, daarom kijken blote lichamen niet naar elkaar zolang ze elkaar niet op
speciale wijze vertrouwen.
Wat blijft er nog te verbergen wanneer man en vrouw hun
ogen volgen om elkaar met al hun zintuigen aan te raken?
De kennis wordt dieper, totdat de ander deel van jezelf wordt
en daarmee tot een nog groter geheim.

138. Naar het diepere, onbekende

Hoe kan men elkaar leren kennen? Het je voor elkaar
openen betekent dat het bekende zich opent voor
het diepere onbekende.
Er is geen vinden zonder verliezen. Je vindt als je je eerst in de
tao verliest.

139. Het moment van het vinden

Het moment dat je vindt, is altijd een verrassing, zoals wanneer je een oude vriend ontmoet die je
nooit gekend hebt.

140. Een andere manier van kennen

Er is een moment in de drang waarop het denken aan het vlees toegeeft en het verstand toeschouwer van een andere manier van kennen wordt.

Gedachten kunnen niet aan de behoeften van het vlees voldoen, zolang het lichaam niet denkt. Het verliezen van je verstand en het vinden van je lichaam is het begin van een diepere harmonie.

Pas als er een invoelend verstand en een denkend lichaam zijn, zullen de aardse behoeften van de geheime domeinen het gehele koninkrijk in harmonie brengen.

141. Verliezen en vinden

Waar is de man wanneer hij in de vrouw opgaat en waar is de vrouw wanneer zij in de man opgaat? Waar is hun eigen persoonlijkheid als die niet meer bestaat?

Door zich te verliezen, vinden man en vrouw zichzelf terug.

En door zich te verliezen, vinden ze iets groters dan ze hadden.

Eerst verliezen ze door te vinden en vervolgens vinden ze door te verliezen. Het verliezen door te vinden is een groter verliezen en het vinden door te verliezen is een groter vinden.

Volg het grotere verliezen en het grotere vinden.

142. Zoekgeraakt en teruggevonden

Voor een man en een vrouw is je verliezen in elkaar de manier om elkaar te vinden. Door zich te verliezen, vinden ze de saamhorigheid die hun eigenheid aanvult. Verzonken in elkaar... is er saamhorigheid; verzonken in zichzelf... zijn ze apart.

Man en vrouw zijn de eenheid van alles wat verloren gaat en weer teruggevonden wordt.

Verlies daarom zonder te verliezen en vind zonder te vinden.

143. In elkaar verzonken

Als minnaars in elkaar verzonken zijn, is de man in de vrouw verzonken en de vrouw in de man. De vrouw, in wie de man verzonken is, is er niet omdat zij in hem verzonken is. De man, in wie de vrouw verzonken is, is er niet omdat hij in haar verzonken is.

Dit is de wederzijdse illusie van minnaars: hij denkt dat zij er is als ze er niet is en zij denkt dat hij er is als hij er niet is. Hoe kan hij echter denken dat zij er is, tenzij hij er zelf is en hoe kan zij denken dat hij er is, tenzij zij er zelf is? Hij moet niet denken dat hij er is, anders is hij er niet en zij moet niet denken dat zij er is, anders is zij er niet. Dan gaat hij in zichzelf op en zij in haarzelf.

Hoe gaan minnaars om met hetgeen is, niet is en toch is en met hetgeen niet is, is en toch niet is?

144. Ertussenin

Er is iets tussen man en vrouw, tussen geboorte en dood, tussen de ene gedachte en de andere, wat gedachten niet kunnen bevatten. Tussen veranderen en gelijk blijven in, tussen het ene en het andere woord, is iets wat gedachten niet kunnen kennen.

Ertussenin vallen de gedachten uit het denkproces weg.

Het denken, dat uit zichzelf ontstaat en door zichzelf teniet wordt gedaan, leidt tot gedachteloosheid.

Om het denken te kunnen vinden, moet je je gedachten laten gaan.

Het vinden door te verliezen, is ook de weg van de man en de vrouw. Als ze niet meer begrijpen en zelfs niet meer denken, leren ze uiteindelijk kennen.

Geven / ontvangen

施

受

145. Vind zonder te nemen

Geef en er is sprake van geven. Ontvang en er is sprake van ontvangen. Nemen leidt echter niet tot bezitten. Zoek zonder te verwachten. Vind zonder te nemen.

146. Vol van leegte

Volheid kan niets opnemen, begin daarom met legen. Er kan geen volledige groei optreden zonder voldoende ruimte. Om te groeien en te vullen moet je doorgaan met legen, zodat er altijd ruimte is om te ontvangen.

Wees vol leegte. Leegte is de grootste ontvanger. Volheid is de grootste gever.

147. Geef mild

Het is niet gemakkelijk te ontvangen, of om je te openen, vertrouwen te hebben en te accepteren en ondertussen de saamhorigheid te blijven bewaren en door elkaar bekoord te blijven. Daarom moet geven rekening houden met de last van het ontvangen.

Indien er gegeven moet worden, geef dan mild. Dan kan zowel de gever als de ontvanger ervan genieten.

Ontvangen is een soort geven. Geef alsof je ontvangt en ontvang alsof je geeft.

148. Een soort geven

Wolken eisen van het gras geen betaling voor de ontvangen regen. Bomen zijn de zon geen dank verschuldigd voor de ontvangen warmte. Maan en sterren mogen gratis met de ogen bekeken worden.

Daarom kunnen ook man en vrouw gratis van elkaar genieten. Hoe kunnen ze elkaar iets schuldig zijn als geven jezelf geven betekent en ontvangen een soort geven is?

149. Versmelten tot één zaak

Wanneer zij ontvangt, is er sprake van tweemaal geven. Wanneer hij geeft, is er sprake van tweemaal ontvangen. Als zij zich opent en hem ontvangt, geeft zij als ontvangende partij ook. Als hij zich geeft door in haar lichaam te dringen, ontvangt hij als gevende partij ook.

Als geven ontvangen is en ontvangen geven, waarom zou je dan verdelen wat in feite één is?

Zoals geven en ontvangen tot één zaak versmelten, zo versmelten man en vrouw in elkaar, het zelf en de ander, de vraag en het antwoord.

150. Het buitenste dat binnenste is

S amen in de tao voeden man en vrouw elkaar als twee delen van het gelijke lichaam. Niets wordt er gevraagd, toch wordt alles gegeven en wordt zonder erbij na te denken ontvangen. Ieder is het buitenste van de ander dat het binnenste is dat voor beiden zorgt.

151. Ontvangen

O m te ontvangen moet je vol zijn, maar leegte culti- veren. Volheid is wat bekendstaat als lichaam en ge- dachten, het vat waar je aan kunt geven. Leegte is het onbekende dat ontvangt wat er gegeven wordt.

Hetgeen is, geeft. Wat niet is, ontvangt.

Als je slechts vol bent, is er geen leegte meer die nog ontvangen kan. Als je alleen leeg bent, is er niemand meer die ontvangt. Om te ontvangen, moet je de leegte in het volle vinden.

Vind de volheid die niet geleegd kan worden door te geven en vind de leegte die niet gevuld kan worden door te ontvangen.

152. Het belang van raadsels

Als meester... dient hij. Als schaduw... leidt hij. Hij laat zich niet bezitten. Om er deel aan te krijgen, moet je hem laten gaan. Om hem te gebruiken, moet je... hem geven. Om hem te onderwerpen, moet je... je aan hem overgeven.

Wij zijn levende raadsels. Daarom komt het erop aan te kennen zonder op te lossen. Als er met raadsels geleefd moet worden in plaats van ze op te lossen, geniet dan van hun dynamiek. Stel alleen geen vragen en verwacht geen antwoorden.

153. Geven en ontvangen

Er bestaat de heerlijke hardheid van de mannelijke seksualiteit die graag wil vullen en er bestaat de heerlijke zachtheid van de vrouwelijke seksualiteit die graag wil vasthouden. Hoe fijn is het dat er hardheid bestaat die door haar zachtheid kan worden vastgehouden en dat er zachtheid bestaat die zijn heerlijkheid in zich op kan nemen.

Zij is de ontvanger die ontvangt dankzij haar geven en geeft dankzij haar ontvangen. Hij is de gever, die geeft door te ontvangen en ontvangt door te geven.

Daarom is het met man en vrouw zo gesteld dat er, vanwege hun hardheid en zachtheid, hun vullen en vasthouden, geen verschil is tussen geven en ontvangen.

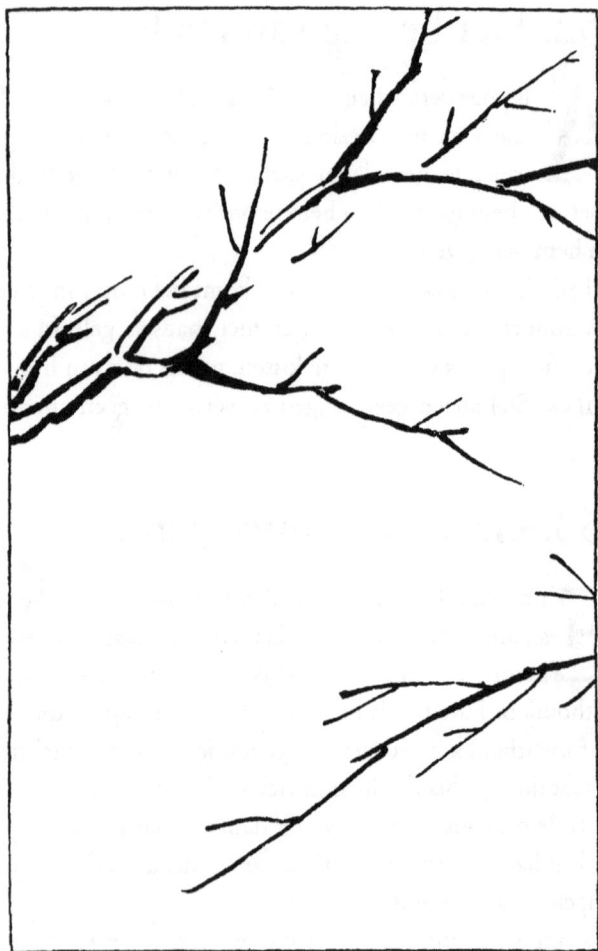

154. Iets heel groots

Wanneer geven en ontvangen hetzelfde is, wat voor naam moet je er dan aan geven? Woorden schieten hier tekort.

Hoe lang jagen woorden achter iets aan? Als je het blijft proberen met woorden te zeggen, krijg je alleen maar meer woorden. En wat je echt probeert te zeggen, mis je doordat je woorden slechts dwaze cirkels beschrijven. Woorden zijn slechts woorden, hoeveel je er ook hebt.

Wij hebben allemaal een oerbeginsel, of we nu vogel, vis, boom, steen, oorzaak of gevolg zijn.

Wanneer we seksuele omgang hebben, koesteren we iets heel groots, waarvan elke beschrijving met woorden slechts een povere echo vormt.

Volheid / leegte

155. Vind wat niet is

De leegte van voor de geboorte blijft ook tijdens het leven bestaan tot in de dood en krijgt in de tussentijd deel aan de volledige volheid van het leven.

Ergens is in elke man en elke vrouw een leegte die de volheid van de ander ontvangt.

Om te kunnen ontvangen wat is, moet je vinden wat niet is.

Nadat je de leegte hebt gevonden, moet je de stilte vinden die beweging en verandering in zich opneemt.

156. Herinner je de leegte

Vul je als man met vreugde met de vrouw. Vul je als vrouw met vreugde met de man. Laat de denker genieten van zijn gedachten. Vergeet de leegte echter niet.

Laat je met je zeer verbazingwekkende eigen persoonlijkheid vullen, maar vergeet de leegte niet. De leegte omhult de minnaar, onszelf, alles.

De volheid kan alleen uit leegte voortkomen. Geen leegte... dan ook geen volheid. Leegte is de grond waaruit alles voortkomt, waarheen alles terugkeert.

157. Begin met te legen

Man en vrouw zijn woorden en gedachten die door het verstand bedacht zijn. Wat het verstand bedenkt, bevestigen de gedachten. Er is echter iets tussen man en vrouw waar gedachten geen greep op krijgen, wat ook het verstand te boven gaat.

Om te begrijpen wat er zich tussen man en vrouw afspeelt, moet je beginnen met leegmaken. Door te verliezen vind je, door leeg te maken vul je. Leegte is de vorm waarin alles past. Zoals vissen in water zwemmen en vogels in de lucht vliegen, zo denkt het verstand in leegte.

Vergeet alles. Laat je geest zonder gedachten zijn, vormloos en leeg als de zee, waarin vissen kunnen drijven, of als de lucht, waarin de wolken zich kunnen bewegen.

Buiten het verstand bevindt zich... gewoon leegte. Binnen het verstand bevindt zich... gewoon volheid.

158. Ondanks al het binnenkomende rivierwater

De rivier stroomt in zee. De zee raakt echter nooit vol en de rivier nooit leeg.

Wanneer de rivier ondanks al zijn stromen niet leeg raakt, hoe is leegte dan nog mogelijk? Als de zee ondanks al het binnenkomende rivierwater niet vol raakt, voor hoeveel is dan in een lege ruimte plaats?

Binnen de rivier van woorden en de zee van gedachten is iets wat zich niet laat benoemen. Alle denken leidt tot leegte en wordt gevuld met iets stils.

Voor man en vrouw, die in elkaar overgaan en door elkaar ontvangen worden, is er veel rijkdom in de stille kennis van gevuld en geleegd worden.

Zoals de rivier zich leegt en de zee zich vult, zo stromen man en vrouw in elkaar over, waarbij ze vertrouwen op een eindeloos proces van vullen en legen.

Ontvangen betekent leegte en volheid; vullen betekent volheid en leegte.

159. Leeg je in de leegte

Het blad kan, zolang het blad is, de boom niet begrijpen. De vis kan als vis de zee niet begrijpen. Hoe kan een man als man de vrouw begrijpen? En hoe kan de vrouw als vrouw de man begrijpen?

Buiten alle dingen bevindt zich de leegte die ontvangt, vult en begrijpt.

Wees man, maar vind de niet-man. Wees vrouw, maar vind de niet-vrouw. Word zacht. Vertrouw op de tao. Laat man en vrouw gaan en leeg je in de leegte.

160. Wat is en wat niet is

De volheid die is, is mannelijk; de leegte die niet is, is vrouwelijk. Wat is en wat niet is, vormt samen een geheel. Zijn mannelijkheid is de volle en zichtbare vorm: het zichtbare en onthulde. Hij is het uitgesprokene, het duidelijke, vanzelfsprekende, het antwoord zonder eerst gevraagd te zijn.

Haar vrouwelijkheid is vormloos, leeg en onzichtbaar, het verborgene en verhulde. Zij is het onverwoorde, het geheim, het mysterie, de eerste vraag zonder antwoord.

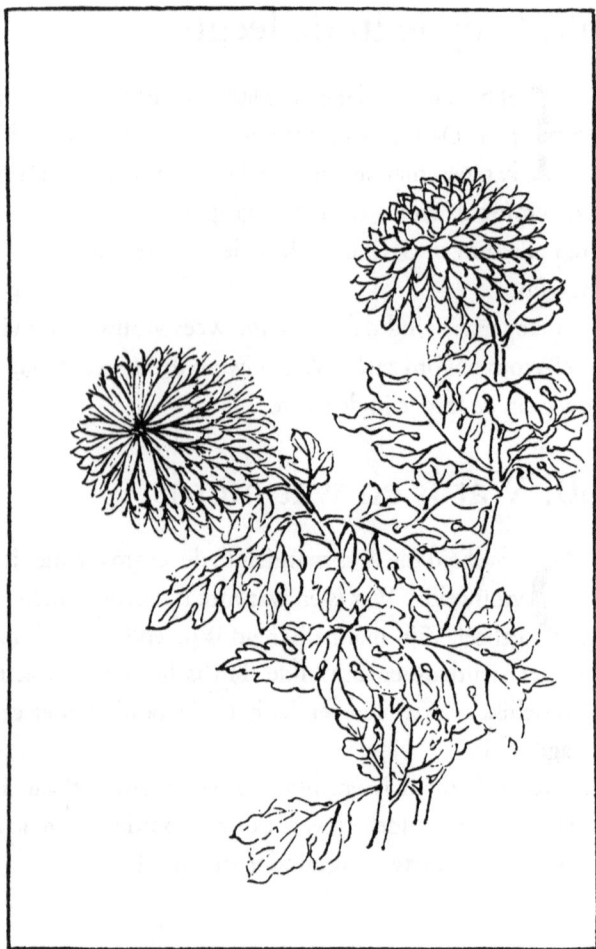

161. Is en is-niet

Wat is, is; wat niet is, is ook. De leegte van de man is uiterlijk, buitengesloten, ligt buiten het gezichtsveld en wordt vergeten. De leegte van de vrouw is binnenin, inclusief, ligt binnen het gezichtsveld en wordt onthouden.

Zij maakt ons ervan bewust dat er zowel is als is-niet bestaat. Hij maakt ons ervan bewust dat het is-niet gemakkelijk vergeten wordt.

162. Een leegte dragende volheid

De vrouw heeft dezelfde botten en hetzelfde vlees als de man, maar tegelijk is ze vrouw. Zij is beweeglijke leegte en beweeglijk wachten. Voor de man is zij een leegte die wacht om gevuld te worden.

Zij is de tuin en de aarde, moeder en bron, leegte en mysterie. Zij is vrouw, het beweeglijke en wachtende raadsel van het is en het is-niet.

In haar grote leegte is de vrouw een leegte dragende volheid.

163. Volheid verlangt

De vrouw ontvangt het vullen en de man vult het ontvangen.
Wat leeg is, wordt gevuld en opnieuw gevuld; wat vol is, wordt geleegd en opnieuw geleegd.
Volheid verlangt ernaar te vullen; leegte verlangt ernaar te legen.

164. Aangezien er leegte bestaat

Man en vrouw ontmoeten elkaar in leegte, groeien in leegte en worden gevuld met leegte.
Aangezien er leegte bestaat, wordt er ontvangen. Aangezien er ontvangen wordt, wordt er gegeven. Aangezien er gegeven wordt, is er volheid. Volheid ontstaat uit leegte. Volheid is de manier om te leren kennen wat leegte is.
Om de volheid van de vrouw te kennen, moet je door haar leegte worden ontvangen. Gevormd als zij is door leegte, is zij de bron en bewaarder van het verborgen weten.
Leegte kun je niet vinden. Gebruik als man en vrouw samen hetgeen zich niet laat vinden, vul wat zich niet laat vullen en kom ondertussen steeds dichter bij de leegte.

165. De leegte van de vrouw

Zelfs de sterkste spier laat zich nog buigen, zelfs de hardste steen laat zich nog breken. Hoe onoverwinnelijk is de leegte van de vrouw dan wel niet? Hoe kan de man, die is, de vrouw overwinnen, die niet is? Wat is groter dan leegte?

166. Steeds gereed

Als de man er niet klaar voor is, kan hij geen minnaar zijn. Zijn mannelijkheid moet vol zijn. De leegte van de vrouw is echter steeds gereed.

167. Rondom de leegte

Rondom de leegte, die vrouwelijk is, bevindt zich het lichaam dat vrouw is. Vrouw, dat wil zeggen: de leegte waar de man naar zoekt en die door hem gevuld wordt.

Als de man alleen aan de vrouwelijke seksualiteit denkt, denkt hij alleen aan de leegte van haar vagina en vergeet hij de vrouw. Niet alleen het heilige gedeelte, maar de gehele tempel moet geëerd worden!

Boven de gedachte aan het seksuele paar man/vrouw uit bestaat er de gedachteloosheid van de relatie man/vrouw. Gedachteloos zijn lukt alleen wanneer niet alleen de man de vrouw vergeet, maar de vrouw ook de man.

168. Het lichaam van aarde

Dat rotsen hard zijn, weten we omdat water mee-gaand is. Dat de aarde zwaar is, weten we omdat lucht licht is. Maar weten we ook wat er gebeurt als de volheid van de man de leegte van de vrouw binnendringt en haar leegte zijn volheid verwelkomt?

Een lichaam van aarde en een ademtocht! De aarde die het vlees van de vrouw is en het gebeente van de man! Lucht die het stoten van de man is in de leegte van de vrouw!

Waar is de tao, indien die niet hier is?!

169. Aanvaard het ademen

Wanneer de begeerte geplengd wordt, ontstaat zij opnieuw om wederom geplengd te worden. Als een ademend lichaam wordt zij vol om zich te legen, vult zij zich, om zich opnieuw te legen.

Hoe mooi is het dat vullen het begin van legen is en legen het begin van vullen! Dat alles gebruikt en voor hergebruik in ge-reedheid gebracht wordt.

Aanvaard het ademen. Geef je aan dit moment over en ont-vang het volgende moment... zonder inspanning.

Als de adem wordt ingehouden, wordt de hemel broos, krij-gen de sterren barsten en wordt de ademende grond hard.

170. Als de ademende tao

Minnaars die seksuele omgang met elkaar hebben, bewegen zich op het ritme van de getijden, seizoenen en generaties. Ze vullen en legen elkaar als de ademende tao.

Het vullen maakt leeg en het legen maakt vol. Beide volgen elkaar en verlangen naar de volgende fase.

Alles is in beweging. Alles verandert. Alleen de veranderende tao verandert niet.

171. Tijdens zo'n ontmoeting

De man zegt: 'Geef me een vrouw opdat ik met mijn lichaam bezit van haar mag nemen en haar mag vullen.'

De vrouw zegt: 'Geef me een man opdat ik hem met mijn lichaam mag bezitten en hem in mij mag ontvangen.'

De man vult met zijn gehele volheid het universum. De vrouw omvat met haar gehele leegheid het universum.

Wat een geweldige dingen er tijdens zo'n ontmoeting wel niet plaatsvinden!

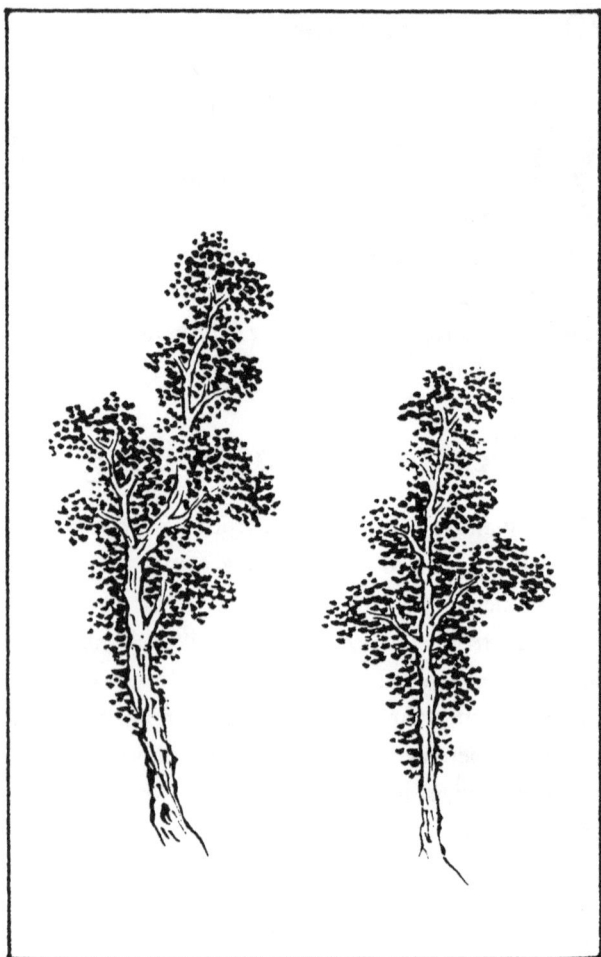

172. De nederigheid te weten

Als de man de kracht van zijn stijve penis verliest, is hij geen man meer. Als de vrouw niet meer verlokkend werkt met de leegte van haar vagina, is zij geen vrouw meer.

De man heeft de nederigheid nodig te weten dat zijn penis zich kan legen. De vrouw heeft de nederigheid nodig te weten dat haar vagina met zijn zaad gevuld kan worden.

173. Slechts dat wat voorbijgaat blijft

De vrouw is de wereld van de leegte die de man niet kan vullen. Het trotse ogenblik dat de vrouw vol is van zijn zaad duurt slechts kort: zijn penis heeft zijn volheid verloren en moet weer van voren af aan beginnen.

De man is de wereld van volheid die de vrouw niet kan vasthouden. Het trotse ogenblik dat de man het sterkst door haar wordt vastgehouden, duurt slechts kort: hij leegt zijn volheid in haar, waarna zij weer aan haar begin staat.

De wijzen weten dat in het ritme van vullen en legen alleen dat wat voorbijgaat blijft. Daarom handelen ze bescheiden en zorgen daarmee voor harmonie. Door los te laten... krijgen ze deel aan de tao. Door deel aan de tao te krijgen... laten ze los.

174. De harmonie van de minnaars

Geen speciale talenten of macht zijn nodig. Slechts jezelf openen en vertrouwen hebben. Het kind keert terug als minnaar. Naakt, onschuldig, gereed, bang en begerig tegelijk.

Als alles geopend en gegeven is, als de leegte van de vagina vol is, heb je de harmonie van de minnaars.

De tao laat zich niet vasthouden. Hij houdt zelf ook niet vast.

175. Meer dan het grootste

Door te geven, vult de man de vrouw en bevrijdt hij haar van leegte. Door te nemen, ontvangt de vrouw de man en bevrijdt zij hem van de volheid van zijn zaad.

Waar is de volheid wanneer zij genomen is en waar is de leegte wanneer zij gevuld is?

Het vullen van de een en het legen van de ander vult de leegte van hen beiden.

Wanneer de man zijn geslacht leegt in de door hem gevulde leegte van de vrouw, is dat meer dan het grootste dat hij kan geven. En wanneer een vrouw van de volheid van zijn geslacht neemt, neemt ze meer dan ze anders ooit kan nemen.

Wat is meer dan het grootste? Welke naam kun je geven aan wat heerlijker is dan het allerheerlijkste?

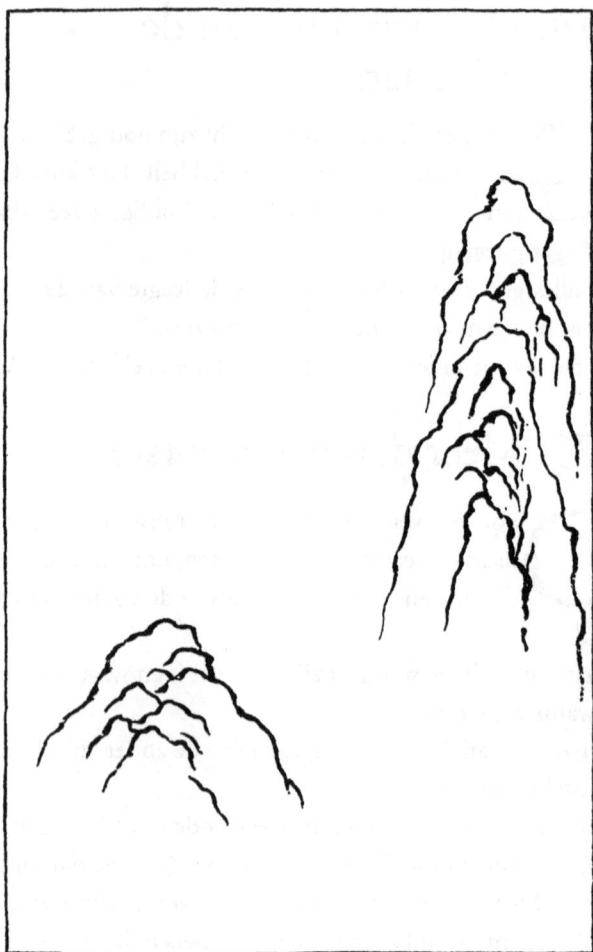

176. De adem van de tao

Het geheim zit hem in de penetratie van de vrouw door de man en het ontvangen van de man door de vrouw. Het geheim zit hem in de volle penis die van buiten komt in het binnenste van de lege vagina en het binnenste van de lege vagina dat de van buiten komende volheid van de penis leert kennen. Hier hebben volheid en leegte gemeenschap met elkaar, waardoor beide opgeheven worden. Het geheim van het legen van zijn volle penis in haar lege vagina, waarna zijn zaad in haar tot wasdom komt en vervolgens door haar gebaard wordt.

Vullen en legen! Het ademen van de seizoenen en de generaties! Alles is de adem van de tao.

Wat ademt nu precies? Niemand kan het zeggen. Elke beweging is echter een ademtocht in het grote Al van het ademen.

177. Verboden en toch beloofd

Het is onbekend en toch heel gewoon, vreemd en toch gerespecteerd, men is er bang voor en toch is het verleidelijk, verboden en toch beloofd.

Durft de man te penetreren? Durft de vrouw bezit te nemen van zijn penis?

178. Op een eindeloos begin

Als gevolg van de erectie en ejaculatie van de man in de vrouw wordt zijn penis slap en dijt haar lichaam in volheid uit. Het uitdijen en baren van de vrouw leidt tot de volheid van de wereld door de geboorte en de leegte van de wereld door het sterven. Vullen komt voort uit legen; legen komt voort uit vullen. Het lijkt op een eindeloos begin: niets raakt verloren, maar er wordt ook niets gewonnen.

De vrouw is als het ademende ritme van geven en nemen: zij wordt daarbij zowel geëerd als onteerd. De man is haar medeplichtige: hij wordt door zijn eigen ademen door hartstochtelijke passie bevangen.

179. Het wachten van haar leegte

Als de man de vrouw niet vult met de volheid van zijn lid, wacht haar leegte steeds op hem. Hoewel zij keer op keer door hem gevuld wordt, blijft zij toch onvervuld en op hem wachten. Zijn volheid betekent niet het einde van het grote verlangen van haar leegte.

Als een vrouw niet met een man naar bed gaat en hem niet met haar leegte tot ejaculatie brengt, blijft de volheid van zijn hard wordende geslacht op haar wachten. Hoe vaak hij zijn zaad er ook uit spuit, toch wordt zijn penis weer stijf en verlangend. De leegte van haar vagina kan de heerlijkheid van zijn grote erectie niet tenietdoen.

180. Zijn eigen andere lichaam

S eksuele gemeenschap is de thuiskomst van het ene lichaam in zijn eigen, andere, lichaam. Geniet als man
en vrouw in volledige rust van elkaar.

De man is de volheid en de vrouw is zijn leegte. Terwijl alleen
zijn lichaam denkt, grijpt hij naar zijn leegte en ontvangt
daarmee zichzelf.

De vrouw is leegte en de man haar volheid. Terwijl alleen
haar lichaam denkt, grijpt zij naar haar volheid en vult zichzelf.

Verbond

交媾

181. Er valt zo veel te vinden

Er bestaat is en er bestaat ook is-niet. De man is het is die naar het is-niet op zoek is. De vrouw is het is-niet die naar het is op zoek is. Daarom valt er in de gemeenschap van die twee zo veel te vinden.

182. Zonder te vragen

In plaats dat de man de vrouw neemt of de vrouw de man neemt, is het beter dat ze door elkaar genomen worden. Wanneer de begeerte uit allebei voortkomt, is er geen begin, zijn er geen vragen en geen antwoorden en is er geen onzekerheid.

Uit boeken valt het niet te leren. Woorden werken slechts misleidend. Denk erover na en het is al te laat. Vraag en het antwoord is nee.

Water vindt zijn weg zonder na te denken. De seizoenen vullen het jaar gedachteloos.

Heb gemeenschap met elkaar zoals waterstromen, zoals de afwisseling van de seizoenen. Laat je vinden... zonder te zoeken.

Zonder te vragen... is het antwoord ja.

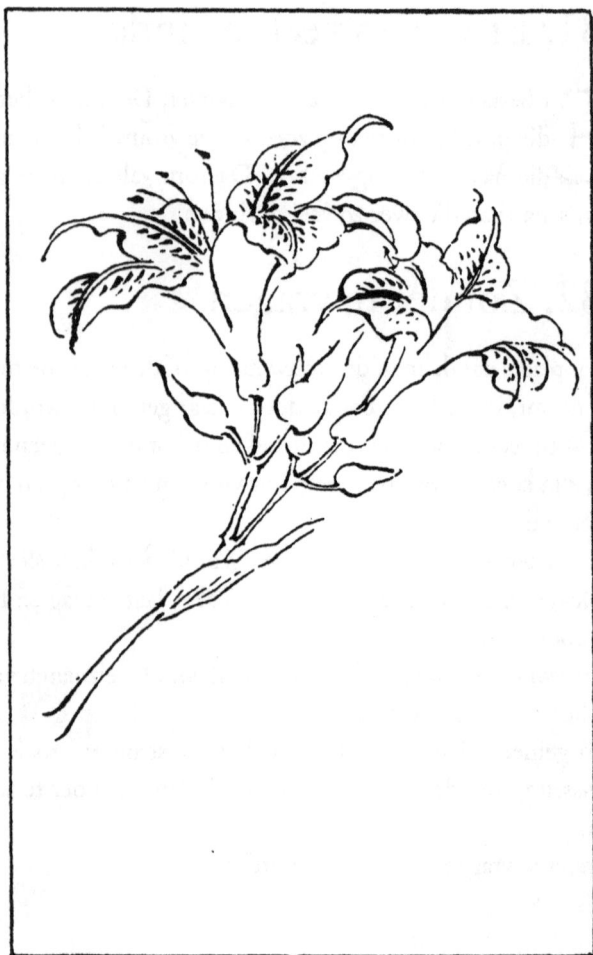

183. Tussen het ene moment en het andere

Wat het begin heet, heeft net zo veel aandacht nodig als het eind. Bij seksueel contact is het belangrijk je niet te haasten, tenzij de lichamen zelf hartstochtelijk door haast worden meegesleept.

Elk moment is een begin en elk moment is een eind. Tussen het ene moment en het andere is er geen andere activiteit, valt er nergens anders heen te gaan, kan men niets anders zijn.

184. Met kennis van zaken

Als man: penetreer en stoot als iemand met kennis van zaken, maar tegelijk met de onbevangenheid van iemand voor wie alles nieuw is.

Als vrouw: ontvang zijn lid en beweeg mee als iemand met kennis van zaken, maar tegelijk met de onbevangenheid van iemand voor wie alles nieuw is.

Hierdoor gaat de glans van het nieuwe niet verloren en wordt het oude tegelijk vernieuwd.

185. Geef je over aan het oerspel

Alleen bij elkaar hoef je je niet in te houden. Muren en gordijnen, warmte en maanlicht versterken alle de seksuele aantrekkingskracht van de minnaars, die daardoor meer dan hun eigen lichaam willen inademen.

Geef je over aan het oerspel van lichamen die op hun eigen adem dansen te midden van de magie van de grote moeder.

186. Al de oude passen

Wat je nog niet samen hebt gedaan en waar je zo'n zin in hebt, doe dat! Laat je zaad voorzichtig, maar tegelijk ongeremd stromen, open je vagina en laat je door elkaars geheimen meesleuren.

Ontelbare anderen hebben al seksuele gemeenschap gehad door hetgeen te doen wat zowel buitengewoon als heel gewoon is. Al onze voorouders hebben ons hierin de weg gewezen.

Dans daarom met je lichamen al de oude passen.

187. Slechts het lichaam weet het

Als een man eenmaal seksueel verkeer met een vrouw heeft gehad, is hij geen vreemde meer voor haar. Als haar vagina eenmaal met zijn penis gevuld is geweest, is zij geen vreemde meer voor hem. Een nieuw geheim ontstaat, het geheim van de man/vrouw samen en van de vrouw/man samen.

Probeer man en vrouw te scheiden en je zult niet begrijpen wat seksuele gemeenschap echt wil zeggen.

Gemeenschap is iets... wat boven de illusie van woorden uitgaat. Woorden volgen op gedachten als schaduwen, gedachten volgen het verstand en het verstand volgt het lichaam.

Hoe kun je begrijpen wat seksuele gemeenschap is als alleen het lichaam het eigenlijk weet?

Waar woorden falen, is de tao nabij.

188. Het lichaam begrijpt de tao

Seksuele gemeenschap is niet zomaar de penetratie van de penis in de vagina en het ontvangen van het lid door de vagina: het buitenste dat naar binnen gaat en het binnenste dat het buitenste ontvangt. Nee, het is een daad van de man en de vrouw waarmee ze elkaar met zichzelf verzoenen.

Het lichaam begrijpt de tao. Lichamen verenigen wat hen scheidt, lossen op wat tegenover elkaar staat. Twee lichamen die één worden, zijn als de eenheid van de tao.

189. Boven seks uit

Voor de man vult de heerlijkheid van zijn lid het universum, totdat deze geheel hard is geworden. Hier heb je de heerlijkheid van de man.

Hoe fijn is het dat er een plaats bestaat waarin deze heerlijkheid vastgehouden kan worden. Dat is de heerlijkheid van de vrouw waarin de man zich uittest.

Voorbij de inspanning van de man en het zich vasthechten van de vrouw speelt iets anders. Boven de seksuele gemeenschap uit is er iets... wat meer is dan het vullen van het universum, dan het omvatten van het universum. Woorden verwijzen ernaar, maar kunnen het toch niet beschrijven.

Wat komt eerder dan denken en baren, wat is er nog voordat de drift zich aandient? Wat is volle leegte en lege volheid? Waar zijn er geen vragen meer en waar is gebeuren iets spontaans?

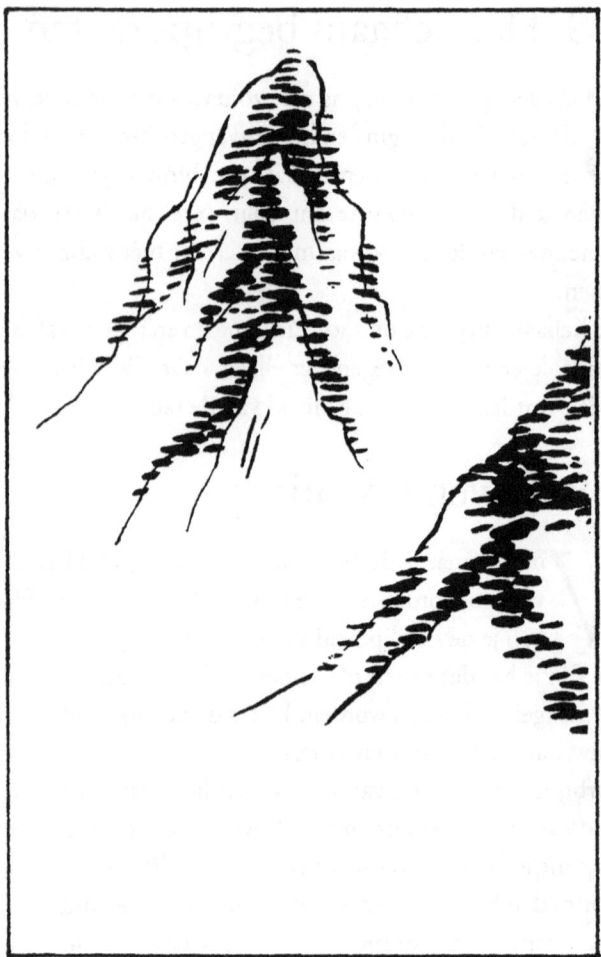

190. Het einde van alles wat anders is

Winter en zomer verzoenen zich met elkaar. Oost en west ontmoeten elkaar. Duidelijk te zien in de jaargetijden en de aarde is de heelheid van man en vrouw.

Noem hun vier armen de vier seizoenen en hun vier benen de vier windstreken. Hun ledematen en lichamen verstrengelen zich tot één, waarbij ze elkaar omsluiten en vasthouden. De paren verweven zich en de een vindt de ander. Wat speciaal is, omsluit het speciale: het einde van alles wat anders en apart is.

191. Diep in alles wat leeft

Ergens diep in alles wat leeft, is iets wat denken en weten te boven gaat. Je zou het het niets kunnen noemen. Toch komt er een gevoel uit voort, een gevoel dat overgaat in aandrang, verlangen, hartstocht.

Wanneer de volle mannelijkheid zich verenigt met de leegte van de vrouw en de hartstocht zich in de man en vrouw uitstort tot heelheid, ontstaat er opnieuw iets dieps tussen hen.

192. Minnaars vinden wat de wijzen zoeken

Verbonden in hun hartstocht overstijgen man en vrouw zichzelf in de zich bewegende stilte voorbij het ik. Tegenstellingen houden op te bestaan. Man en vrouw bestaan niet meer. In de gedachteloze oerheid die de tao is, zijn een en twee helemaal niets en tegelijk alles.

Minnaars vinden wat wijzen zoeken. Lichaam en geest verdwijnen. Wat verdeelt en scheidt, is niet meer. Het zijn, dat alles is, overwint het denken, dat iets is.

Degenen die het alles aanraken, komen niet meer terug bij hetzelfde iets.

193. Dat voorbijstroomt en in iets anders verandert

Lucht en vuur komen voort uit water en aarde. De hete buitenadem zet de hete binnenadem in brand.

Elke minnaar komt uit de ander voort. Beiden verdwijnen in elkaar.

De aarde zet de aarde in beroering en wekt adem en vlees tot hartstocht. Vuur zet vuur in vlam.

Het duwen van de aarde tegen de aarde verandert hun water in nat schuim dat voorbijstroomt en in iets anders verandert.

194. De aarde ademt zichzelf

In hun seksuele spel ademen man en vrouw elkaar in en uit als een lichaam dat een ander lichaam uitademt.

De aarde ademt zichzelf in minnaars. Beiden zijn de lucht van de aarde van de ander, die met zijn adem het water en het vuur van vlees in vlam zet.

Adem, door samen als minnaars te ademen, elkaar in en uit, ten dienste van jezelf, van elkaar en van iedereen.

Houd je adem in... en de hele aarde wacht vol spanning.

195. Ieders behoefte

De man wordt vervuld door het behagen van de vrouw. De vrouw wordt vervuld door het behagen van de man.

Door elkaar te behagen wordt de onderlinge band verstevigd. Ieders behoefte bestaat uit het voeden van de ander en van elkaar.

196. Volledig de ruimte

Geef elkaar volledig de ruimte bij het bedrijven van de liefde.
Als je het niet van elkaar kunt krijgen, waar krijg je het dan?
Het lichaam van de een is de heerlijkheid van de ander. Geef je als gastheer... volledig. Gedraag je als gast... eervol.

197. Neem de tijd van de rivier

De rivier stroomt uit zichzelf. Zonder aanwijzingen vindt hij de weg naar de zee.
De weg omlaag van de wijsheid voert naar de diepe, volledige verbondenheid van alles.
Stroom rustig omlaag, zonder je te haasten: neem de tijd van de rivier.
Weet dat de drang en hartstocht van het bloed eropuit zijn om zo snel mogelijk in de grote gezamenlijke vijver van de seksuele eenwording te komen.
Onthoud dat de stroom omlaag voert en vertrouw erop dat de rivier weet wat zij doet.

198. Een begin van het begin

Als er een begin is, moet er ook een begin van het begin zijn. En ook een begin van het begin van het begin. Hoe kan een begin dan nog een begin zijn?

In elk begin zit begeerte en uit begeerte komt elk begin voort. Het universum is de begeerte die uit zichzelf ontstaat en zichzelf vervult, zoals het bewegende water de rivier is.

Als een man en vrouw seksueel contact hebben, bewegen alle sterren en alle grashalmpjes in harmonie met hen mee. Vergissen is onmogelijk wanneer de wortels van de begeerte in de sterren zijn en haar aandrang ook in het gras waarneembaar is.

Man en vrouw beelden door hun seksuele gemeenschap de eenheid van alles uit. Vervolgens beelden ze door hun uit elkaar gaan de verschillende onderdelen van alles uit. De uitdovende begeerte scheidt, het scheiden wekt nieuwe begeerte, de opgewekte begeerte leidt tot seksuele eenwording.

Het ritme van de dagen en de jaargetijden is het ritme van de minnaars en de generaties.

De begeerte bestond al bij de tao, nog voordat het allereerste begin een begin had.

199. Alleen je lichaam

De weg naar het grenzeloze loopt via het begrensde. De weg naar buiten loopt via het binnenste. Dit principe geldt voor alles.

Zoals de geest de weg kent die boven de geest uit voert, zo kent het lichaam de weg die boven het lichaam uit voert. Vanuit de pijn en de drang in het centrum ontstaat de sprong van het lichaam buiten het lichamelijke.

Wie kan het eigene van het niet-eigene onderscheiden, het binnenste van het buitenste, het denken van het doen, wanneer het verstand niet denkt, wanneer het aanraken op niets anders gericht is dan aanraken? Het lichaam is nog slechts een gedachteloos dansend lichaam en vervolgens... helemaal geen lichaam meer.

Geef je over, om te leren kennen. Verlies, om te vinden. Alleen je lichaam is meer dan genoeg.

200. Het verstand volgt het denken van het lichaam

Het lichaam weet al wat het wil. Het verstand volgt het denken van het lichaam, bedenkt gedachten om dat te begrijpen, wat al bekend is.

Vervolgens ziet het verbaasde verstand hoe de begeerte ontstaat en vergeet alles, betoverd als het is door het denken van het lichaam. Het verstand wordt door de bewegingen van het lichaam opgetild, overwonnen en met inzicht overspoeld.

201. Laat het lichaam besluiten

Bewegen leidt tot vrijheid. Probeer iets vast te houden en je komt er niet van af. Probeer het op te wekken en het lukt niet. Het ligt binnen bereik en toch laat het zich niet pakken. Laat het lichaam zelf besluiten.

Als de vrijheid komt en ons overweldigt, komt ze uit zichzelf, omdat ze er helemaal klaar voor is, zoals de aarde zichzelf vreugdevol misleidt om ons iedere dag weer te verleiden. Van binnenuit komen we binnen, vanuit een worden zonder begin. Hoewel het bij ons hoort, is het toch niet van ons. Het leert ons hoe we ons spontaan in de wereld kunnen laten voortbewegen, zonder krampachtig zelf het initiatief te nemen.

202. Met een frisse, op de verte gerichte blik

Voorbij het spel van seksualiteit is er de plaats van stilte, het grote wachten dat zich aandringt, maar niet uit zichzelf komt. Daarom bewegen man en vrouw zich daarheen, bewegen de wereld tot stoppen en zetten wat stilstaat in beweging.

Deze gemakkelijke strijd doet de aarde beven en brengt met een nieuw begin de oude wereld ten einde. Met een frisse, op de verte gerichte blik beginnen minnaars weer met een schone lei, waardoor wat bekend is iedere keer weer tot iets nieuws wordt.

203. Op zijn tijd weer terug zal komen

Zoals de seizoenen, kent de begeerte een tijd van wachten, van bekoren, van opwekken en ten slotte van vervullen.

Het ritme van de seizoenen houdt in dat de herfst ook voor minnaars weer zal eindigen. Het ritme van hun herfstminne betekent voor hen een nieuw begin. Diep in hun zomerbloed kennen ze de onuitgesproken belofte waarop ze zich verlaten. Ook het gezamenlijke wachten van de winter betekent dat die belofte blijft bestaan. Zelfs de overdenkingen van de winter zijn vol vertrouwen dat de begeerte op zijn tijd weer terug zal komen.

204. Dankzij de activiteit van hun lichamen

Wanneer de penis van de man eenmaal in bezit is genomen door de vagina van de vrouw en de vagina van de vrouw eenmaal is gevuld met de penis van de man, zijn ze niet zomaar man en vrouw meer.

Ze worden andere mensen en komen tot een nieuwe harmonie dankzij de activiteit van hun lichamen.

Hier heb je het verstand van de man en het verstand van de vrouw, die dankzij hun vlees zonder moeite begrijpen wat hun denken met zijn gedachten niet begrijpt.

Kijk eens hoe de gedachten achter het lichaam aan jagen en met denken proberen te vatten wat het lichaam zo goed snapt dankzij het vlees.

205. Het eenvoudige en vanzelfsprekende

In wat vanzelfsprekend is, zit iets wat niet vanzelfsprekend is. In wat eenvoudig is, zit iets wat niet eenvoudig is. Het eenvoudige en vanzelfsprekende is niet zomaar eenvoudig en vanzelfsprekend.

Wanneer man en vrouw elkaar seksueel leren kennen, is dat niet zomaar het samenkomen van twee lichamen. In hun seksuele contact ontstaat verbinding tussen het uiterlijke en het innerlijke, het hier en het daar, het dit en het dat.

Hun gemeenschap wordt zowel gekenmerkt door iets gewoons als door iets buitengewoons: een stilte die beweegt, een leegte die vol is, een worden van iets wat gedachte noch voorwerp is. Een aanraken zonder aanraken.

De gedachten kunnen er niet achterkomen vanwege het verstand; de zintuigen kunnen het niet voelen vanwege het lichaam.

Als je geslachtsverkeer hebt, begrijp dan wat er tussen jullie gebeurt. Denk wat tussen je gedachten zit, voel met je lichaam wat er tussen jullie lichamen zit. Dan wordt alles heel eenvoudig en heel vanzelfsprekend.

De geslachtsgemeenschap tussen man en vrouw leert hen dat het proces dat zich tussen hen afspeelt, hetzelfde proces is dat zich tussen alles afspeelt.

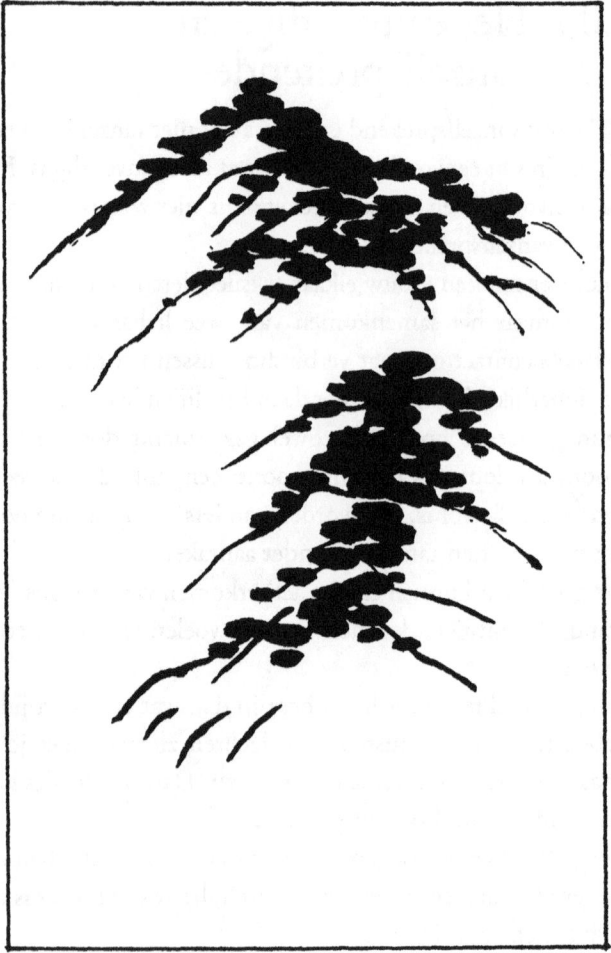

206. Beide voeten moeten dansen

Wanneer de vagina van de vrouw gevuld is en de man zijn zaad in haar geloosd heeft, hebben ze elkaar van hun eigenheid beroofd.

De man beleeft daarmee zijn val. Hij zal de vrouw verwijten dat zij hem van zijn eigenheid beroofd heeft, omdat hij er nu eenmaal zo'n behoefte aan heeft de vrouw met zijn grote lid te penetreren. De man wordt door zijn val tot een nieuwe man omdat hij door de vrouw/moeder van zijn zaad ontdaan wordt.

Ook de vrouw beleeft haar val. Zij zal de man verwijten dat hij haar van haar eigenheid beroofd heeft, omdat zij er nu eenmaal zo'n behoefte aan heeft dat de grote leegte van haar geslacht door de man gevuld wordt. De vrouw wordt door haar val tot een nieuwe vrouw omdat zij zich heeft laten vullen met de man/vader.

Elk verlies is het vinden van een nieuwe balans. Door elkaars heerlijkheid te ontsluieren, verliezen man en vrouw hun gescheidenheid en worden zij tot een eenheid. Hun lichamen hebben altijd al geweten wat echte gemeenschap wil zeggen, maar hun verstand moet overtuigd worden door de argumenten van hun lichaam. Door de intimiteit van de aanraking verdwijnt de afstandelijkheid van het denken. Met elkaar verstrengelde lichamen tonen het denkende verstand wat echt begrijpen is.

Elke lichamelijke gemeenschap herinnert het vergeetachtige verstand eraan dat lichamen weten te verkrijgen waar ze naar verlangen.

De volle harmonie is die van evenveel verstand als lichaam, evenveel man als vrouw.

Om de tao te kunnen realiseren, moeten beide voeten dansen.

207. Een speciale stilte

In de ruimte tussen elke gedachte en handeling is een speciale stilte, die van stilte naar stilte voert, waardoor ze de gedachten en handelingen met elkaar in harmonie brengt.

Alles komt uit de stilte voort en keert ook naar de stilte terug. Stilte is het gemak waarmee het niet-denken en het niet-handelen spontaan geboren worden.

Zelfs in seks is er stilte... spontaniteit zonder streven. Lichamen die elkaar en hun verstand in stilte opheffen, terwijl ze bewustheid veinzen.

208. Het spontane streven

In het seksuele spel van man en vrouw zit de stilte van het innerlijke dat het uiterlijke ontmoet, van het ontmoeten van elkaar, van de voltooiing van wat niet volmaakt is.

Bewaar tijdens het spontane spel van je lichaam de stilte, waar het verstand voor verstand speelt en het lichaam voor lichaam.

In de seksuele gemeenschap vind je de rustplaats van de man en de vrouw, het spontane streven, de stille stilte, die tegelijk vol leven is.

209. Zonder man of vrouw

In het bewegingsloze moment van seksuele gemeenschap waarin de vrouw zich van de gehele mannelijkheid heeft meester gemaakt en helemaal vol is, valt er niets meer te nemen: haar vagina is compleet gevuld. En waarin de gehele mannelijkheid aan de leegte van haar vagina gegeven is, kan niets meer gegeven worden: zijn penis is in zijn totaliteit genomen. De man heft de vrouw op en de vrouw heft de man op.

Wanneer een man zijn alles geeft en een vrouw zijn alles neemt, verdwijnen ze beiden: twee legen zich in één, die geen van beiden is.

Is dit echt waar? Wie zal, zonder man of vrouw, hierop met ja of nee antwoorden?

210. Het meest verbazing- wekkende punt in de tijd

Als minnaars met elkaar vrijen, zijn ze zonder persoonlijkheid. Hij is buiten zichzelf en kent zichzelf niet meer. Zij is buiten zichzelf en kent zichzelf niet meer.

Als zij geen voorwerp of ding meer voor hem is, kent hij haar niet meer. En als hij geen voorwerp of ding meer voor haar is, kent zij hem niet meer.

Ze hebben niet zomaar begeerte, ze zijn begeerte! Helemaal verbonden vormen ze de droom van het meest verbazing- wekkende punt in de tijd!

211. De voortdurende terugkeer

Voordat ze ophouden en weer beginnen, zijn het twee vrijende minnaars, bezeten van een gedachteloze verwondering. Waar is hun eigenheid? Waarin verschillen ze van elkaar? Waar zijn de twee die één zijn?

De verstrengeling van twee lichamen tot één doet de gedachten duizelen, totdat er een orgasme plaatsvindt, waarna de betovering stopt en het verstand terugkeert. Daarna vindt scheiding plaats, totdat het ogenblik aanbreekt waarop de oerdrift weer ontwaakt.

Wat is er wijzer in de wereld dan de voortdurende terugkeer naar de oerdrift?

212. De helft van het geheel

In de seksuele omgang geeft de man zich aan de vrouw en de vrouw zich aan de man: elk van beiden geeft aan de ander de helft van het geheel.

Twee zijn meer dan een. Twee vervullen de drang naar saamhorigheid.

Een is meer dan twee. Een vervult de drang om alleen te zijn.

Over Ray Grigg

Ray Grigg woont met zijn vrouw in een huis dat ze samen in een bebost gedeelte van Quadra Island, Brits-Columbia, Canada, hebben gebouwd.

Hij is afgestudeerd aan de University of British Columbia in Engels, psychologie en pedagogiek en heeft daar tevens beeldende kunsten en filosofie gestudeerd. 'Door de psychologie en de filosofie raakte ik ervan overtuigd dat het subjectieve zich niet objectief laat beschrijven. De studies Engels en beeldende kunsten hebben me ervan overtuigd dat er diepe, onverklaarbare mysteries bestaan.' In deze periode raakte hij geïnteresseerd in zen en taoïsme. 'Deze stromingen maakten een holistische, harmonische indruk, waardoor mijn hoofd en voeten met elkaar verbonden werden.'

Van 1965 tot 1987 heeft Grigg Engels, Engelse literatuurgeschiedenis, beeldende kunsten en cultuurgeschiedenis in de hogere klassen van verschillende middelbare scholen in Brits-Columbia onderwezen. Verder heeft hij een cursus wereldreligies geschreven en onderwezen, met als onderwerpen: jodendom, christendom, islam, hindoeïsme, boeddhisme, taoïsme en zen.

Voor en tussen zijn verschillende leraarschappen heeft hij uitgebreid gereisd in niet minder dan veertig landen. Hij is ervan overtuigd dat deze reizen zijn wereldbeeld in grote mate gevormd hebben.

Momenteel wijdt hij zich geheel en al aan schrijven. 'Het schrijven waarmee ik mij bezighoud, geeft mij een gevoel van "zelfvoltooiing". Ik denk en doe, tegelijk denk ik ook helemaal niet, doe ik ook helemaal niet. De intellectuele strijd en het je afmatten met woorden voert tot niets en brengt je nergens. Toch moet deze reis gemaakt worden, want alleen zo kun je het begin vinden. Al mijn woorden gaan over het vinden van het begin. Daarom zijn de essentie van zen en taoïsme zo belangrijk, omdat ze ons altijd terugverwijzen naar het begin, zodat we op een wijze manier onze tocht kunnen voortzetten, nadat we de bestemming hebben bereikt.'